普通高等教育车辆工程专业"新工科"建设系列教材

Zhineng Wanglian Qiche Jishu
智能网联汽车技术

李志恒　张　凯　于海洋　编著

人民交通出版社股份有限公司

北京

内 容 提 要

本书是"普通高等教育车辆工程专业'新工科'建设系列教材"之一。全书全面、系统地介绍了智能网联汽车的各大关键技术,从智能网联汽车的概念出发,宏观地呈现了智能网联汽车的整体技术架构,概括了各个技术的发展现状并讨论了未来的发展趋势,并在各章节详细地介绍了每种技术的特点,包括智能网联汽车环境感知系统关键技术,高精度地图与定位技术,车载网络与互联技术,智能制动与能量回收技术,决策控制技术,测试与评价技术以及无人驾驶汽车在不同场景中的应用。

本书可供普通高等院校车辆工程专业、能源与动力工程专业及其他相关专业本科生和研究生作为教材选用,也可作为相关专业学生在智能网联汽车领域的入门参考书,还可作为从事相关工作的工程技术人员和科研人员的参考书。

图书在版编目(CIP)数据

智能网联汽车技术/李志恒,张凯,于海洋编著
. —北京:人民交通出版社股份有限公司,2021.8
普通高等教育车辆工程专业"新工科"建设系列教材
ISBN 978-7-114-17501-5

Ⅰ.①智… Ⅱ.①李…②张…③于… Ⅲ.①汽车—智能通信网—高等学校—教材 Ⅳ.①U463.67

中国版本图书馆 CIP 数据核字(2021)第 142068 号

书　　名:	智能网联汽车技术
著 作 者:	李志恒　张　凯　于海洋
责任编辑:	戴慧莉
责任校对:	孙国靖　扈　婕
责任印制:	张　凯
出版发行:	人民交通出版社股份有限公司
地　　址:	(100011)北京市朝阳区安定门外外馆斜街 3 号
网　　址:	http://www.ccpcl.com.cn
销售电话:	(010)59757973
总 经 销:	人民交通出版社股份有限公司发行部
经　　销:	各地新华书店
印　　刷:	北京市密东印刷有限公司
开　　本:	787×1092　1/16
印　　张:	9.25
字　　数:	216 千
版　　次:	2021 年 8 月　第 1 版
印　　次:	2021 年 8 月　第 1 次印刷
书　　号:	ISBN 978-7-114-17501-5
定　　价:	30.00 元

(有印刷、装订质量问题的图书由本公司负责调换)

普通高等教育车辆工程专业"新工科"建设系列教材

编 委 会

主 任

赵祥模(长安大学)

副主任(按姓名拼音顺序)

陈　南(东南大学)	高振海(吉林大学)	郭应时(长安大学)
黄　彪(北京理工大学)	刘　杰(湖南大学)	吴光强(同济大学)

委 员(按姓名拼音顺序)

曹立波(湖南大学)	冯崇毅(东南大学)	龚金科(湖南大学)
郭伟伟(北方工业大学)	韩英淳(吉林大学)	胡兴军(吉林大学)
黄　江(重庆理工大学)	黄韶炯(中国农业大学)	李　凡(湖南大学)
李志恒(清华大学)	刘晶郁(长安大学)	鲁植雄(南京农业大学)
栾志强(中国农业大学)	史文库(吉林大学)	谭继锦(合肥工业大学)
谭堑元(北方工业大学)	汪贵平(长安大学)	王　方(长沙理工大学)
吴志成(北京理工大学)	谢小平(湖南大学)	杨　林(北京理工大学)
姚为民(吉林大学)	于海洋(北京航空航天大学)	张　凯(清华大学)
张志沛(长沙理工大学)	周淑渊(泛亚汽车技术中心)	左曙光(同济大学)

前言

为主动应对新一轮科技革命与产业变革,支撑服务创新驱动发展、"中国制造2025"等一系列国家战略,自2017年2月以来,教育部积极推进"新工科"建设,先后形成了"复旦共识""天大行动"和"北京指南",全力探索形成领跑全球工程教育的中国模式、中国经验,助力高等教育强国建设。为顺应"新工科"建设的发展需求,人民交通出版社股份有限公司针对高等院校车辆工程专业课程开设情况进行了充分的调研,并在此基础上,围绕着工程教育改革的新理念、新结构、新模式、新质量、新体系,对原有的车辆工程专业教材进行了全面的调整、修订和增补等,形成了全新的"普通高等教育车辆工程专业'新工科'建设系列教材",本书是其中之一。

汽车产业作为国民经济的支柱产业、传统制造工业的重要代表,也在发生着百年来最深刻的变革。在数字化潮流的驱动下,智能化、网联化已经成为全球汽车产业发展的必然趋势。随着汽车信息通信、人工智能、大数据、互联网等行业深度融合,智能网联汽车正在成为高新科技的最佳应用平台,为保障交通安全、提高交通效率、降低能耗与减少污染、引导出行模式改变等,提供了重要解决方案,是全球产业创新热点与未来发展的制高点。我国已经在国家战略层面明确了智能网联汽车产业发展的战略地位,《汽车产业中长期发展规划》《智能汽车创新发展战略》及《车联网(智能网联汽车)产业发展行动计划》等指导性规划文件密集出台。本书正是在此大背景下撰写完成。

智能网联汽车是一个多学科交叉融合的应用领域,涉及汽车工程、人工智能、计算机、微电子、自动控制、通信与平台等技术,是一个集环境感知、规划决策、控制执行、信息交互等于一体的高新技术综合体,拥有互相依存的技术链。由于智能网联汽车的综合性和复杂性,目前国内系统介绍智能网联汽车技术的图书较少。本书旨在通过相对完整的智能网联汽车技术介绍,使读者对智能网联汽车技术的整体技术结构得到一定的了解。

本书较全面地对智能网联汽车发展现状、发展趋势以及关键技术进行了介绍,包括基于多传感器数据融合的环境感知技术和基于车路协同的V2X感知技术,高精度地图和定位技术，车载网络技术及相关的智能互联、无线通信、信息和异构网络融合技术，制动系统结构和制动防抱死控制策略等智能制动与能量回收技术，纵向综合控制以及基于预测控制等决策控制技术，智能网联汽车测试与评价技术，以及在城市道路路段、工业园区、旅游景区等半封闭场景以及机场、港口、矿区等封闭场景的无人驾驶汽车的应用。

  本书由清华大学李志恒和张凯、北京航空航天大学于海洋编著，由李志恒对全书统稿。在本书的编写过程中，毛锋、张云飞、朱呈炜、周蔚、黄雷、安昊、陈锦华、梁作贤、冈嬉、胡淑娜等在资料收集、文字及文献整理、图表绘制等方面做了大量工作，在此向他们致以深切的谢意！最后，由于编写时间短，加之经验不足，本书难免有疏漏和不足之处，恳请各位同行和读者批评指正。

编著者

2021 年 3 月

目录

第一章　智能网联汽车技术概论 ... 1
第一节　智能网联汽车关键智能技术概述 ... 1
第二节　智能网联汽车技术发展现状与发展趋势 ... 2

第二章　智能网联汽车环境感知系统关键技术 ... 12
第一节　环境感知传感器及其关键技术 ... 12
第二节　基于多传感器数据融合的环境感知技术 ... 31
第三节　基于车路协同的V2X感知技术 ... 49

第三章　智能网联汽车高精度地图与定位技术 ... 52
第一节　高精度地图概述 ... 52
第二节　高精度定位技术 ... 56

第四章　智能网联汽车车载网络与互联技术 ... 60
第一节　智能网联汽车车载网络技术 ... 60
第二节　智能网联汽车智能互联技术 ... 68
第三节　智能网联汽车无线通信技术 ... 70
第四节　智能网联汽车信息和异构网络融合技术 ... 71

第五章　智能网联汽车智能制动与能量回收技术 ... 72
第一节　智能网联汽车制动系统结构概述 ... 72
第二节　智能网联汽车制动能量回馈系统研究 ... 74
第三节　智能网联汽车制动防抱死控制策略 ... 84

第六章　智能网联汽车决策控制技术 ... 91
第一节　控制系统基本构成 ... 91
第二节　横纵向综合控制技术 ... 96
第三节　基于预测控制的控制策略研究 ... 103

第七章　智能网联汽车测试与评价技术 ... 111
第一节　智能网联汽车测试技术概述 ... 111

第二节　智能网联汽车功能测试技术 ……………………………………………… 115
　　第三节　智能网联汽车性能测试技术 ……………………………………………… 116
　　第四节　智能网联汽车平行测试技术 ……………………………………………… 120
第八章　无人驾驶汽车的应用 …………………………………………………………… 122
　　第一节　城市道路路段、工业园区、旅游景区等半封闭场景 …………………… 122
　　第二节　机场、港口、矿区等封闭场景 …………………………………………… 129
参考文献 …………………………………………………………………………………… 136

第一章 智能网联汽车技术概论

第一节 智能网联汽车关键智能技术概述

智能网联汽车(Intelligent and Connected Vehicle,ICV)是指搭载先进的车载传感器、控制器、执行器等装置,并融合现代通信与网络技术,实现车与车、车与路、车与人、车与云等的智能信息交换共享,具备感知复杂环境、智能决策、协同控制等功能,可实现安全、高效、舒适、节能驾驶,并最终实现替代人来操作的新一代汽车。

智能网联汽车融合了自主式智能汽车与网联式智能汽车的技术优势,涉及汽车、信息通信等诸多领域。智能网联汽车的关键技术可以细分为以下6种。

一、环境感知技术

环境感知技术包括利用机器视觉的图像识别技术、利用雷达(激光、毫米波、超声波)的周边障碍检测技术、多源信息融合技术、传感器冗余设计技术等。

环境感知系统是智能车辆的"眼睛",是智能车辆实现智能化的关键一环,也是其安全性和智能性的基本保障。环境感知系统的任务是利用视觉、毫米波雷达、激光雷达、超声波传感器等主要车载传感器以及V2X通信系统感知周围环境,通过提取路况信息、检测障碍物,为智能网联汽车提供决策依据。

环境感知主要包括对路面、静态物体和动态物体三个方面的感知。在复杂的路况环境下,单一的传感器感知能力有限,因而涌现了不同车载传感器融合的方案,用以获取丰富的周边环境信息。

二、高精度地图与定位技术

高精度地图与定位技术包括高精度地图数据模型与采集式样、交换格式和物理储存的标准化技术,基于北斗地基增强系统的高精度定位技术,多源辅助定位技术等。

高精度地图区别于传统的电子地图,是包含大量三维表征行车辅助信息的汽车自动驾驶专用地图。行车辅助信息主要包括路面的几何结构、周边道路环境的点云模型和车道的几何结构及属性信息(坡度、曲率、限速等)。

利用高精度地图可以将车辆位置精准地定位在车道上,从而提高车辆定位的精度;辅助环境感知对传感器无法探测的部分进行补充,能够有效地帮助智能汽车理解所处的环境。

高精度定位技术依赖于高精度地图的信息,可以通过对比当前位置传感器获取的行车环境信息和高精度地图,精确地确认位置,并能够确认当前位置一段距离内的行车环境,进行下一步轨迹规划和决策。

三、车载网络与互联技术

在车载网络与互联技术中,囊括了V2X通信技术、云平台与大数据技术。V2X通信技术实现车间信息共享与协同控制的通信保障机制,涉及移动自组织网络技术、多模式通信融合技术等。云平台与大数据技术包括智能网联汽车云平台架构与数据交互标准,云操作系统,数据高效存储和检索技术,大数据的关联分析和深度挖掘技术。

车载网络的通信模式,依据通信的覆盖范围可以分为车内通信、车际通信和广域通信。通过网联无线通信技术,车载通信系统可以更有效地获得驾驶员信息、自身姿态信息和汽车周边的环境信息,进行整合与分析。车辆通过车与云平台的通信将位置及运动信息发送至云端,云端控制器结合道路信息(坡道、曲率等)及交通信息(交通流、信号灯等),可以对车辆速度和挡位进行优化,以提高交通效率和降低车辆的能耗。

四、智能制动技术与能量回收技术

智能制动技术主要用于使车辆减速甚至停车;使停驶的汽车在各种道路条件下稳定驻车;使车辆速度保持稳定。目前L3/L4级别的自动驾驶车辆使用的都是线控制动、驱动、转向。线控系统用电子系统代替传统的机械或者液压系统,是智能网联汽车技术实现难度最大的部分,也是制动技术发展的重要方向。

能量回收技术是指整车在减速时通过电机进行制动发电,将能量回收进电池包。电动车的能量回收模式主要有两种:制动回收和滑行回收。制动回收通过踩制动踏板实现能量回收,滑行回收依靠松开加速踏板滑行实现能量的回收。

五、决策控制技术

决策控制技术包括危险事态建模技术、危险预警与控制优先级划分、群体决策和协同技术、局部轨迹规划和驾驶员多样性影响分析等。

决策系统根据全局行车目标、自车状态及环境信息等,决定采用的驾驶行为以及动作的时机。其中,全局路径规划依赖于高精度地图的目的地间可选路径的规划过程;局部行为决策依赖于当前行车环境下感知信息和定位信息,完成巡航、掉头、换道、转弯等决策,输出汽车自动驾驶应具备的速度、加速度、车轮转向等指标信息。

六、测试与评价技术

测试与评价技术包括ICV测试评价方法与测试环境建设。

类似于驾驶员的考核过程,智能网联汽车在投入使用前也应当经历一系列测试。例如,检查自动驾驶系统对环境的感知、车辆控制等的基本能力:理论测试,即测试自动驾驶汽车对交通法规的遵守能力;场地考核,即在特定场景下的自动驾驶测试;实路考核,即将自动驾驶汽车放置于特定开放测试道路内进行实际道路测试。需要提出一系列定性、定量的关键功能和性能指标,来表征自动驾驶系统驾驶汽车的安全程度。

第二节 智能网联汽车技术发展现状与发展趋势

一、智能网联汽车等级划分

智能网联汽车根据美国机动车工程师学会(SAE)发布的分级标准,划分为以下五个级别。

(1)驾驶辅助(L1):系统只对转向盘和加减速中的一项操作提供驾驶支援;
(2)组合驾驶(L2):系统对转向盘和加减速中的多项操作提供驾驶支援;
(3)有条件的自动驾驶(L3):系统完成所有的驾驶操作,驾驶员适当应答;
(4)高度自动化驾驶(L4):系统在限定道路和环境中完成所有的驾驶操作;
(5)无人驾驶(L5):系统在所有环境下完成所有的驾驶操作。

中国关于ICV的等级划分可大致分为自主式驾驶辅助(对应L1~L2)、网联式驾驶辅助(L1~L2)、人机共驾(L3)、高度自动/无人驾驶(L4~L5)四个级别。

目前,在全球范围内,自主式驾驶辅助系统已经开始大规模产业化应用,网联化技术的应用已经进入大规模测试和产业化的前期准备阶段,人机共驾技术和无人驾驶技术则还处于研发和小规模测试的阶段。

二、智能网联汽车关键技术发展现状

(一)环境感知技术

目前,业界普遍采用的环境感知技术方案是以视觉主导与以激光雷达主导的。

以摄像头为主的计算机视觉技术相对成熟,方案主要应用于辅助驾驶系统。摄像头价格相对低廉,可依靠计算机视觉技术识别人、车、交通标志等。伴随深度学习技术的快速发展,卷积神经网络(CNN)精度不断提升,计算机视觉所需的工业摄像头在技术层面发展越来越成熟,具备了较高的图像稳定性和抗干扰能力。但摄像头属于被动视觉,受光线影响,摄像头无法全天实时全路况工作。

激光雷达由于具有分辨率高的优势,已经成为越来越多自动驾驶车辆的标配传感器。激光雷达采用光载无线通信(RoF)法扫描周围环境,所获得的点云图与高精度地图比对和匹配,可进行实时定位和环境建模,获得厘米级别精度的3D环境地图。虽然激光雷达方案会对颜色和纹理产生较大的损失,但其在高测量精度和三维成像方面有着无可比拟的优势。尽管自动驾驶市场对激光雷达的需求量大,但因其制造门槛高,应用仅限于汽车、资源勘测等较窄领域,产品供应商较少,针对车规级的成熟量产方案匮乏,使得激光雷达面临着成本高、量产难的问题。

业界对于上文提到的痛点主要从两方面进行优化推进:一是发展摄像头与激光雷达的结合硬件模组,使两者优势互补;二是研发全固态、低线数激光雷达,通过牺牲一定精度降低硬件成本。

此外,一些环境感知领域的新兴技术也在不断突破,如考虑多源异构信息融合技术、用于复杂环境感知的深度学习技术以及近年来基于车路协同的感知技术等。

车路协同感知技术将实现车辆与路侧设备之间的实时信息共享,协同感知车辆行驶周边环境,从而有效扩展车辆的超视距感知野。该技术突破了单车感知的局限性,同时降低了数据采集、数据融合过程中的计算负荷,也降低了车载计算单元的成本与应用门槛,未来将具备大规模商业化应用的潜质。

(二)高精度地图与定位技术

1. 高精度地图与定位是车辆重要的环境信息来源

目前,高精度地图的采集工作主要分为3个环节:采集环节、自动融合和识别环节、人工验证发布环节。

高精度地图的数据采集主要有两种形式:一是采用激光雷达和摄像头配合卫星定位系统(Global Positioning System,GPS),二是摄像头和GPS配合计算机距离算法。

自动融合和识别环节是将多种传感器采集的数据融合到一起。在这个过程中,道路的标线、人行横道、交通标志牌等特征物体会被标识出来,这个环节主要是依靠海量数据在计算机上进行人工智能(Artificial Intelligence,AI)训练。目前,这些工作已经实现高度自动化,同时精度会控制在20cm之内。

人工验证发布环节,需要专业人员通过对比采集的视频来核对和确定计算机自动化处理的数据是否准确并上传到云端,最终获得有详细道路信息的高精度地图。

高精度地图的定位信息为自动驾驶车辆提供了全局路径规划,同时,基于感知结果做避障规划,又称即时导航规划。

2. 定位技术面临的挑战

目前,定位技术面临的两大挑战是覆盖盲区和高昂成本。

随着无人驾驶技术的发展,考虑到高精度地图与定位的广阔发展前景,国内外越来越多的企业开始进行高精度地图领域的规划与布局。我国主流图商也都在积极开展面向自动驾驶的高精度地图建设,基于北斗地基增强系统(Beidou Ground-based Augmentation System,BGAS)的高精度定位技术、多源辅助定位技术等已在我国内地范围内开展应用,将为自动驾驶汽车提供成本更低、覆盖更广的高精度定位。

(三)车载网络与互联技术

车联网是以车内网、车际网和车载移动互联网三网合一的动态网络。目前,业界有两大技术路线:一是专用短程通信技术(DSRC),二是蜂窝车联网(C-V2X)。

DSRC是针对低移动场景的Wi-Fi技术,其优化了数据传输的可靠性和低延迟性能,被广泛应用于车联网通信中。尽管DSRC技术已历经数十年的研究和发展,得到了验证和应用,但由于其使用的技术原理因素,导致其还存在一定的局限:

(1)DSRC属于视距传输技术,障碍物较多的场景将会对其造成影响;

(2)DSRC需要复杂、完善的基础设施部署;

(3)自动驾驶对通信范围、可靠性、稳健性有更高的要求,DSRC缺乏未来的技术演进路线。

C-V2X是在蜂窝技术上发展起来的,由第三代合作伙伴计划3GPP(3rd Generation Parternship Project)主导,以全球应用最广的蜂窝通信网络为基础,融合车辆通信特色需求,在4G、5G系统上演进形成了C-V2X技术,可实现长距离和更大范围的通信。在5G商用网络成功部署之后,C-V2X车联网作为5G最重要的垂直应用之一将向着更高效、智能、便捷的方向持续演进。但是,目前蜂窝网络面临的最大难题是基站支持,在基站无法覆盖的地区就无法实现有效的车联网。

目前,国外在车联网平台的技术标准化方面比较完善。典型的平台架构,是由宝马公司牵头、联合Connexis、WirelessCar共同开发而成的车联网平台体系框架及开放的技术标准协议(NGTP),即"下一代车联网架构",为车联网平台的发展应用提供了更大的灵活性及可扩展性。我国企业基本都是自建服务平台,各平台数据之间无法互联互通,信息安全管理模式也存在问题。交通运输部针对营运车辆推出的联网联控平台已经实现了全国性重点营运车辆的大规模接入,但没有涉及规模最大的乘用车领域。通信与平台技术的应用,极大地提高了车辆对于交通与环境的感知范围,也为基于云控平台的汽车节能技术的研发提供了支撑条件。

(四)制动能量回收技术

制动能量回收技术最早应用于电力机车上,产生了显著的节能效果与经济效益,现今成为电动汽车核心技术之一。智能网联汽车是基于电动汽车发展而来的,研究制动能量回收对改善智能网联汽车的能量利用率、延长汽车的行驶里程有着重大意义。

1. 国外研究进度

国外关于制动能量回收技术的研究起步较早、层次较深,在提升制动能量回收效率、提升制动平稳性和舒适度、延长制动系统寿命等方面进行了大量研究,在相关领域取得了较大成果。

从20世纪90年代开始,许多知名汽车制造商借着电动汽车发展的东风推出了各具特点的制动能量回收系统,进行了大量的研究和试验,多数方法取得了较好的成果,并应用到了实车上。日本知名制造商丰田公司通过电液调节比例控制策略的方法调节摩擦制动力和再生制动力比例,在1997年开发出了具有制动能量回收系统的混动汽车"Prius",该车辆制动能量回收率可高达20%以上。日本本田公司利用双制动力分配系数的控制方法,在1999年研发了具有制动能量回收系统的混动汽车"Insight",很大程度提高了制动能量回收效率,该公司对纯电动汽车也研究了相应的控制策略,将再生制动系统引入电动汽车,通过试验验证结果显示,该策略能达到预期的效果。

目前,设计者将电动汽车的制动能量回收策略进行了分类,主要分为串联控制、并联控制、模拟发动机制动,并将串联控制方法分为最佳感受控制策略、最优能量回收策略和模糊逻辑控制策略。需要注意的是,从驾驶员感受、制动的距离、能量回收的最优化控制目标上来看,往往是相互制约的串联控制策略在实车应用中不能同时满足这些要求。

除了汽车厂商之外,各高校及研究机构对制动能量回收技术也做了大量的研究工作。来自美国得克萨斯大学的Yimin Gao等人通过对城市行驶工况的仿真试验研究,对理想再生制动策略和并联制动策略三种控制方法进行了综合分析与评价,提出了一种可集成防抱死制动系统(ABS)的制动控制策略,并针对该控制策略,分别对纯电动汽车和混合动力电动汽车进行了仿真试验分析。在Yimin Gao对并联再生制动控制策略研究的基础上,Hongwei Gao提出了再生制动神经网络控制策略。S. R. Cikanak提出了通过增大电机再生制动力的方法来提高制动能量的回收效率。Konghyeon Kim等人基于模糊控制逻辑提出了再生制动控制分配策略,并确定了车轮液压制动力及ABS的控制方案,实现了四轮独立驱动混合动力电动汽车(HEV)再生制动与液压制动的协调控制。

2. 国内研究现状

我国对于制动能量回收研究起步较晚。国家"十五"规划之后,电动汽车的相关问题成为重点研究课题,国内各大企业、科研机构和高校加快了研究步伐并取得了阶段性成绩。清华大学的李蓬、罗禹贡等人基于最优控制理论,把HEV再生制动系统对驾驶员制动意图的识别时间缩短到了0.5s,把制动能量的回收率提高了近20%。吉林大学初亮等提出了一项再生制动与气压制动协调控制的专利。另外,初亮教授团队的朱雅君、吕廷秀以制动能量回收并兼顾制动安全性为目标,提出了再生制动与 ABS 的集成控制策略。兰州交通大学吴普兴等提出了一种基于模糊控制的策略,该策略考虑了车速、制动力分配区间以及电池特性等因素,仿真结果表明该控制策略在制动能量回收方面有较好效果。

汽车企业中,比亚迪汽车公司自主生产的 F3DM 和 E6 两款电动汽车均采用了电机制动,并且能量回收的效果较为理想。除此之外,部分国产汽车如奇瑞 Eq、长安逸动、比亚迪秦-EV300、吉利帝豪 EV、北汽 EV 系列等都已运用了制动能量回收技术。

(五)决策控制技术

决策控制系统是智能网联汽车的"大脑",是驾驶系统智能化的直接体现。目前,国内外对于智能网联汽车的决策控制技术主要有三个研究方向:基于规则限定的决策控制、基于深度学习的"端到端"决策控制以及基于示教学习和强化学习的决策控制。

1. 基于规则限定的决策控制

现有部分自主驾驶的决策系统是以使用人类专家库的形式,通过对大量的驾驶数据进行分析,尝试得到在某些特定情况下人类驾驶员的驾驶策略,进而利用这些策略,为智能体的决策系统拟定在各种可能发生的路况下,汽车应采用策略的一系列规则。但是,在面对复杂多变的实际应用场合时,这些事先人为定义的规则显然无法足够广泛地覆盖可能出现的场景,因此,会有潜在的安全隐患。另外,当新添加的规则与旧规则发生矛盾时,就必须对原有规则进行更改,这使得基于规则限定的决策控制系统变得非常脆弱。实际上,有限的控制规则很难面对高度复杂的实际场景,因此,传统算法的表现往往无法满足完全无人驾驶的要求。

2. 基于深度学习的"端到端"决策控制

2016 年,英伟达公司的自动驾驶开发平台(NVIDIA DRIVETM PX2)发布了基于深度卷积神经网络的决策方法,直接建立状态—动作的映射关系,通过自身状态信息和环境信息直接输出转向、节气门、制动的控制量,实现"端到端"的控制。普林斯顿大学也使用了深度卷积神经网络来解决无人驾驶问题,输入图像不被直接映射到控制车辆的执行动作,而是间接地建立输入图像与一系列关键感知指标的关系(如车辆位置和姿态、当前道路和交通状态等),根据感知指标决定执行动作。上述基于深度学习的方法都需要大量含有标签的训练数据,这对于一般的研究者来说是非常难以获取的。另外,以上方法均只是简单地把深度学习所具有的"感知能力"直接转化为决策和控制能力,这种处理方式由于过度依赖深度学习因而缺乏透明性,仅仅依靠概率推理的决策方式缺乏理性的分析,为无人驾驶带来了十分严重的隐患。此外,在面对错综复杂的不可控复杂交通环境时,无人驾驶汽车的驾驶行为模式和场景环境复杂多变,如果不能积极地与环境的变化进行交互,并根据交互的反馈结果实时调整驾驶策略,无人驾驶汽车极易作出路径规划失误、避障失误等错误决策,从而引起严重的交通事故。

3. 基于示教学习和强化学习的决策控制

示教学习又称模仿学习,是当今机器人与智能系统领域非常热门的研究方向,其应用广泛分布于服务机器人操作、运动避障、刚度控制等实际问题中。在无人驾驶领域,由于人类对驾驶具有很多机器无法理解的行为和习惯,因此,学习人类策略的应用具有非常广阔的舞台。让无人驾驶系统学习人类驾车的经验和习惯,学习复杂驾驶场景下的操作、车距控制、障碍躲避,更进一步地学习经验丰富驾驶员的驾车习惯,在满足安全性的前提下,尽量使自动驾驶的风格与经验丰富驾驶员相一致,都具有十分重要的意义。目前,欧美一些高校研究人员已经将示教学习应用到驾驶智能决策控制系统中,并在一些仿真环境中验证了其有效性。

强化学习又称增强学习,其思想来源于自然界中生物获取外来信息并改变自我的过程。在每个状态,智能体都根据最优策略选择动作,然后执行动作与环境交互,使智能体进入新的状态,并根据环境反馈得到的奖励值更新得到最优策略。由于强化学习对大量样本或高维度数据的处理需要超长迭代周期,因此,一直未出现较大规模的应用。

近年来,强化学习与深度学习结合形成的深度强化学习框架,成功应用于计算机自学习像素游戏并战胜人类的任务中,引起了学术界的广泛关注。这项工作使用了一个卷积神经网络对状态—动作值函数(Q 函数)进行逼近,并将游戏的操纵动作直接作为 Q 网络的动作输出,通过对 Q 网络的多次训练,逐渐获得一个较好的输出策略,因此,也被称为深度 Q 学习(Deep Q-Learning, DQN)。

2016 年,谷歌 DeepMind 公司基于演员—评论家(Actor-Critic)模型,将 DQN 扩展为深度确定性策略梯度算法,实现了对连续动作的控制。这种演员—评论家的模式,分别使用一个价值网络对当前局势进行评估、使用一个策略网络作出下一步的决策,两者的结合实现了更加智能、更加符合人类决策过程的智能控制。

在之前的部分研究中,强化学习与示教学习相结合的方式,对两种方法的缺陷都表现出一定程度的弥补作用:一方面,强化学习与环境的实时交互可以弥补示教过程覆盖空间有限的问题;另一方面,示教学习方法得到的人类经验控制策略,能够弥补强化学习收敛慢、迭代时间长等缺陷,为快速找到最优策略提供辅助。

为了解决强化学习初始策略较差以及收敛较慢的缺陷,2017 年 DeepMind 团队提出了基于人类示教的 DQN 算法,并将其命名为 DQfD(Deep Q-learning from Demonstrations)。该方法利用示教数据、合成的训练损失函数对网络进行离线预训练,得到相对合理的策略后再与环境进行交互,从而能够获得比原始的强化学习 DQN 算法更优良的效果。示教学习被普遍认为是提升强化学习效果的重要手段。

(六)测试与评价技术

测试与评价是智能网联汽车研发的重要环节,完善的测评体系是支撑 ICV 发展的必要条件。所有技术从实验室走向量产,都需要经过测试和评价的环节。验证要求一般包括三个方面:企业自己的标准与质量检测、行业的标准验证以及国家法律法规的验证。在智能网联汽车正式上路之前需要有针对性的测试来证明其运行安全性。政府、科研院所、企业都大力展开了对标准体系的编制,自动驾驶考试考核场地的构建和相关测试方式方法的探究。

1. 智能网联汽车测试相关政策引导

美国联邦政府在 2016 年颁布了全球首部无人驾驶汽车政策文件《联邦自动驾驶汽车政策》(Federal Automated Vehicles Policy),内容包含政策目的、自动驾驶汽车等级定义、自动驾驶汽车性能指南、部分州政策、现行的国家公路交通安全管理监管方式,并且描述了将来可能采用的新监管方式以及今后将开展的相关工作。其中,为规范自动驾驶在公共道路测试,要求测试企业、机构在一定的周期内向相关部门提交公共道路测试过程中的数据(包括自动驾驶行驶里程、人工干预与接管次数等),用于对自动驾驶汽车道路测试的安全性评估。

同时,日本、韩国、新加坡等国家都通过颁布相关法规的形式允许自动驾驶技术研发的相关企业在可控的条件下进入公共道路进行测试。

我国也在稳步推进完善智能网联汽车测试相关政策。2018年4月,交通运输部、工业和信息化部、公安部联合印发《智能网联汽车道路测试管理规范(试行)》,第一次从国家层面就规范自动驾驶道路测试作出规定,对智能网联汽车自动驾驶测试的测试主体、测试驾驶人和测试车辆提出严格要求,规定了测试申请及审核程序,强调了测试管理要求,明确了交通违法、事故处理和事故责任认定的依据。2018年7月17日,交通运输部发布了《自动驾驶封闭场地建设技术指南(暂行)》,这是国家部委出台的第一部关于自动驾驶封闭测试场地建设技术的规范性文件,目的在于"规范自动驾驶封闭测试场地的建设要求,指导各地单位开展自动驾驶封闭道路场地建设,更好服务封闭场地测试工作及自动驾驶技术发展"。

全国各大城市也均出台了各地道路测试管理规定。截至2019年4月,北京、上海、重庆等16个城市制定了地方的智能网联汽车道路测试管理细则。

2. 智能网联汽车测试技术现状

智能网联汽车测试技术可以归纳为三个方面:测试方法,即满足特定功能需求的具体测试方案;测试工具,即满足特定环境需求的测试设备和平台;测试加速,即能够提高测试效率的方法和手段。

1) 测试方法

测试方法可以分为以下三种。

(1) 基于用例的测试方法,即通过预先定义的测试用例来测试车辆的某项功能是否满足特定条件下需求的方法,但目前尚不能完全满足智能网联汽车测试需求。

(2) 基于场景的测试方法,即通过预先设定的场景,要求车辆完成某项特定目标或任务来对系统进行测试的方法,但目前该方法和技术亟待完善,场景提取、筛选以及测试场景的构建是主要问题。

(3) 公共道路测试方法,即在现实道路和真实交通环境下开展的测试。该方法面临的主要问题是安全风险和法规约束,同时测试效率低、成本高,开展比较困难。

2) 测试工具

测试工具可以满足不同测试阶段、不同测试环境的需求。不同测试方法可以结合不同的测试工具使用。测试工具可以分为虚拟仿真测试、硬件在环测试、整车在环测试和封闭场地测试。

虚拟仿真测试是一种纯数字仿真测试工具,由模拟场景、车辆动力学模型、传感器模型、规划决策算法等组成,可以对智能网联汽车的各个系统以及整车进行仿真测试。虚拟仿真测试一般应用在功能开发早期阶段,在没有实物硬件的情况下,对系统的策略算法进行验证。目前,虚拟仿真测试的主要弊端在于难以正确构建传感器模型,不能处理大尺度地图和交通流。

硬件在环测试中,ICV的部分或系统是真实的,而环境是虚拟的。理论上大部分硬件均可开展硬件在环测试,但部分硬件的在环测试技术手段相对复杂且成本很高,如激光雷达、红外线摄像头等,还有部分部件开展在环测试的意义不大,如决策规划系统硬件在环测试,虽然系统最终以硬件呈现,但是功能主要由软件体现,因此,较少有研究机构开展相关工作。总体来说,硬件在环测试的应用范围仍比较有限。

整车在环测试,即整车作为实物硬件被连接到虚拟的测试环境中进行测试,是比硬件在环测试更加复杂的测试工具。整车测试环节目前有两种方案:封闭场地车辆在环测试和转鼓平台车辆在环测试。两种在环测试方案在实际中均有应用,但封闭场地车辆在环测试仅仅车辆是实际硬件,传感器仍依赖于模型,真实度相比于转鼓平台略低,同时也不能克服场地受限的问题,难以实现一些较大尺度的交通场景;对于转鼓平台车辆在环测试,由于车辆是静止的,因此,无法考查控制执行系统,而只能模拟车辆间的相对运动关系,对于周围环境变化无法模拟。

封闭场地测试从环境到车辆系统均为实物。封闭场地测试依托于专用的封闭测试场地建设,强调环境和场景的还原和模拟能力,采用柔性化设计,保证自动驾驶车辆能够在有限的场地。封闭场地测试的弊端主要在于测试效率低,并存在一定的测试风险。为提高测试效率,车辆一般需要先经过虚拟测试、硬件在环测试等,筛选最为典型和具有测试价值的场景开展封闭场地测试,降低场地测试的周期。

3)测试加速

测试加速即通过一定手段达到加快测试进程、提高测试效率的目的。随着自动化等级的提高,智能网联汽车的使用场景和所要应对的情况也随之变得多样,从而造成测试用例和测试场景数量的急剧上升,因此,通过一定手段提高测试效率以便降低测试周期和成本是非常必要的。目前,测试加速主要分为测试工具加速和测试过程加速。

此外,场景的筛选迭代方法是目前测试工具加速的主要应用,但筛选过程中场景的取舍缺乏理论支持,存在忽视典型场景的风险;通过增加测试对象实现测试过程加速是最直接有效的方式,但需要依托特殊的测试环境和设备,利用方法理论进行测试加速仍存在很大的研究空间和可能性。

3. 智能网联汽车测试场地发展现状

如上所述,智能网联汽车在设计开发的过程中以及在公共道路上部署之前,在可控的真实环境中进行大量的、可重复的、不同层次的测试试验是非常有必要的。因此,为了支持智能网联汽车技术研究和产品开发,必须建设专用的测试场地。一些发达国家都投入了大量的人力物力在自动驾驶测试基地的建设中,测试基地的规模逐步扩大,测试的项目逐步完善。许多汽车生产企业、科研机构、科技公司也陆续加入其中。

1)国外测试场地建设

国外在测试场的建设中综合考虑了物联网技术,构建车路协同基础设施,例如 V2V、V2X 等车联网通信技术发射、接收、处理终端。

目前,测试场地建设较为成熟的有美国的 Mcity 自动驾驶试验场和欧洲的联合智能交通走廊项目。

2015 年,美国密歇根大学设计建造了世界上第一个专门用于测试网联汽车和自动驾驶汽车技术的试验场地 Mcity。该试验场地占地 12.9 万 m^2,斥资 1000 万美元,主要包含两个测试区域:用于模拟高速公路环境的高速试验区域和用于模拟市郊和近郊道路环境的低速试验区。其中,模拟市区的低速试验区以虚拟城市为设计思路,在场景的设计过程中设置有大楼等基础设施,它们的正面外观均采用复合板等简易材料,并构建了十字路口、交通圈、桥梁、隧道及建筑护栏等大量障碍物与测试环境来测试自动驾驶汽车在城市道路中的安全行驶能力。同时,还设置了污损路牌、褪色车道标识等特殊用例来测试自动驾驶汽车对特殊情况的处理能力。

2013年,荷兰、德国和奥地利签订了共同开发合作智能交通项目Cooperative ITS Corridor,即联合智能交通走廊项目。这条联合智能交通走廊计划以荷兰的鹿特丹为起点,途径德国慕尼黑、法兰克福,最终到达奥地利的维也纳。其成立的目的在于构建一套完整的车辆与车辆、车辆与交通信号、车辆与其他交通参与者的通信能力测试基础。为了达到测试要求,在此道路上每100m处便设置了摄像头,每500m便设有无线信号接收装置。测试效果可以达到对一辆测试车辆的定位位置做到每秒10次的监控,并达到1m的定位精度。

2)我国测试场地建设

国内对于自动驾驶测试试验场及示范区在设计时主要考虑两方面:对自动驾驶汽车的研发试验需求和保障产品安全的测试认证需要,不同的测试需求在测试场地建设时所考虑的因素也有所不同。

基于研发试验方面试验场地的建设,主要以推动智能交通、智能网联技术及自动驾驶产业发展为目的。建设思路以封闭测试场为主,在测试场景的设计、测试所需的配套设施建设方面主要考虑对自动驾驶功能性的重复试验与验证,以满足自动驾驶系统的再学习与深度优化等的开发需求,并且在测试场地的周边通常配套有较为完善的产业集群。2016年,上海、北京、杭州、重庆、武汉、长春成为首批6个自动驾驶汽车场地测试示范运用城市。

基于测试认证方面的自动驾驶测试场地在建设的过程中,主要以验证自动驾驶汽车的安全运行能力为目的。测试场景在设计方面需结合我国城市道路、国省道、高速公路等的通行需求与交通特点,主要针对自动驾驶汽车、系统整体的安全运行能力与逻辑进行评估,以确保自动驾驶汽车上公共道路后能稳定与安全地运行。

2016年,公安部、工业和信息化部、江苏省政府共同推进建设国家智能交通综合测试基地。基地内计划建设的测试区域主要包括公路测试区、城市道路测试区、高速公路测试区、环道测试区、多功能测试区及室内测试区;在基地外还利用周边道路环境,与无锡市政府共同打造半开放测试场地,测试场景可覆盖高速公路、快速路、城市道路、农村公路、山区公路;通过场内与场外测试环境的结合,进一步保障自动驾驶汽车运行安全测试评价体系。

三、智能网联汽车技术发展趋势

(一)5G网络与ICV的深度融合

随着智能网联汽车的发展,涉及的交通参与者多样化、产生的问题复杂化、车—路—人信息交互大量化。智能网联汽车的发展需要智能交通网络和智能交通参与者的信息传输快速且有效,所以,在智能网联汽车的发展中,要解决海量数据传输的通信堵塞。5G技术因为其传输速度快、网络延迟短、带容量大等优势,将在智能交通应用中使信息的传输准确且快速,这对智能网联汽车的发展有着极大的好处。

(二)大数据与ICV的深度融合

智能网联汽车具备数字化、网联化、智能化的特点，在发展过程中将会搭载许多数字化系统，通过网联化传输给交通要素，实现智能化的应用服务，该过程必然会产生海量数据。而对于智能网联汽车的发展，必定要使用和管理这些数据，立足行业使数据产生应有的价值，这必然对数据管理、数据海量融合计算、数据的安全服务、数据的整合以及大数据处理技术等方面有着极高的要求。

(三)人工智能与ICV的深度融合

以"深度学习"为代表的人工智能技术在智能网联汽车上正在得到快速的应用。尤其是环境感知领域，深度学习方法已经凸显出巨大的优势。运用人工智能技术可以对路况及交通中的相关数据进行监测，能够实现动态化监管，对交通中产生的问题能够及时反馈和处理，实时预警，使智能网联汽车在智能化的方向上得到进一步的发展。

第二章　智能网联汽车环境感知系统关键技术

第一节　环境感知传感器及其关键技术

一、环境感知传感器概述

(一)环境感知定义

智能网联汽车环境感知系统是利用激光雷达、视觉传感器、毫米波雷达、超声波传感器以及V2X通信技术等获取道路、车辆位置和障碍物信息,并将这些信息传输给车载控制中心,为智能网联汽车提供决策依据,从而实现高级驾驶辅助系统(ADAS)及高水平的自动驾驶。

(二)环境感知方法

智能网联汽车环境感知方法主要有基于单一传感器的环境感知方法、基于自组织网络的环境感知方法和基于传感器信息融合的环境感知方法。

(1)基于单一传感器的环境感知方法有激光雷达、视觉传感器、毫米波雷达、超声波传感器等。

(2)基于自组织网络的环境感知方法有V2X通信技术。

(3)基于传感器信息融合的环境感知方法有激光雷达+视觉传感器,激光雷达+毫米波雷达等。

(三)环境感知系统组成

智能网联汽车环境感知系统由信息采集单元、信息处理单元和信息传输单元组成。

(1)信息采集单元:对环境的感知和判断是智能网联汽车工作的前提与基础,感知系统获取周围环境和车辆信息的实时性及稳定性,直接关系到后续检测或识别的准确性和执行有效性。

(2)信息处理单元:信息处理单元主要是对信息采集单元输送来的信号,通过一定的算法对道路、车辆、行人、交通标志、交通信号灯等进行识别。

(3)信息传输单元:信息处理单元对环境的感知信号进行分析后,将信息送入传输单元,传输单元根据具体情况执行不同的操作,如分析后的信息确定前方有障碍物,并且本车与障碍物之间的距离小于安全车距,将这些信息送入控制执行模块,控制执行模块结合本车速度、加速度、转向角等自动调整智能网联汽车的车速和方向,实现自动避障,在紧急情况下也可以自动制动。信息传输单元把信息传输到传感器网络上,实行车辆内部资源共享,也可以把处理信息通过自组织网络传输给车辆周围的其他车辆,实现车辆与车辆之间的信息共享。

(四)环境感知传感器比较

激光雷达、视觉传感器、毫米波雷达、超声波传感器作为环境感知系统的主要组成部分,对其性价比和性能特点需要进行综合考虑,其对比见表2-1。

不同类型传感器性能特点对比　　　　表2-1

性能	传感器类型			
	激光雷达	视觉传感器	毫米波雷达	超声波传感器
远距离探测	强	较强	强	弱
探测角度(°)	15～360	50～135	10～70	120
夜间环境	强	弱	强	强
全天候	强	弱	强	弱
路标识别	×	√	×	×
主要应用	实时建立车辆周边环境的三维模型	车道偏离预警、车道保持辅助、盲区检测、前向碰撞预警、交通标志识别、交通信号灯识别、自主泊车	自适应巡航控制、自动紧急制动、前向碰撞预警、盲区检测	泊车辅助
成本	高	适中	适中	低

(五)环境感知传感器配置

智能网联汽车环境感知传感器主要有激光雷达、毫米波雷达、超声波传感器和摄像头(广角摄像头、长焦摄像头)等。其在智能网联汽车上的配置与自动驾驶的级别有关,自动驾驶的级别越高,配置的传感器越多。

典型的智能网联汽车传感器配置见表2-2。

典型智能网联汽车传感器配置　　　　表2-2

传感器类型	数量(个)	最小感知范围	备注
广角摄像头	4	8m	(1)广角摄像头和侧向毫米波雷达探测距离较短,但角度较广; (2)激光雷达一般与毫米波雷达及摄像头融合使用; (3)不同传感器测量范围有差异,表中数据仅供参考
长焦摄像头	1	50°/150m	
超声波传感器	12	5m	
侧向毫米波雷达	4	110°/60m	
前向毫米波雷达	1	15°/170m	
激光雷达	1	110°/100m	

二、宽视场探测技术

(一)宽视场探测技术的定义

宽视场探测技术即采用广角摄像头、长焦摄像头等一系列视觉传感器进行图像获取、识别、处理的技术。

(二)视觉传感器

视觉传感器主要由光源、镜头、图像传感器、模数转换器、图像处理器、图像存储器等组成,其主要功能是获取足够的机器视觉系统要处理的原始图像。把光源、摄像机、图像处理器、标准的控制与通信接口等集成一体的视觉传感器常称为一个智能图像处理单元,内部程序存储器可储存图像处理算法,且能使用计算机、利用专用组态软件编制各种算法并下载到视觉传感器的程序储存器中,视觉传感器将计算机的灵活性、可编程逻辑控制器(PLC)的可靠性、分布式网络技术结合在一起,用这样的视觉传感器和PLC可以更容易地构成机器视觉系统。

(三)宽视场探测技术的特点

宽视场探测技术具有以下特点。

(1)视觉图像的信息量极为丰富,尤其是彩色图像,不仅包含视野内物体的距离信息,而且还有物体的颜色、纹理、深度和形状等信息。

(2)在视野范围内可同时实现道路检测、车辆检测、行人检测、交通标志识别、交通信号灯检测等,信息获取范围大,当多辆智能网联汽车同时工作时,不会产生相互干扰的现象。

(3)视觉信息获取的是实时的场景图像,提供的信息不依赖于先验知识(例如GPS导航依赖地图信息),有较强的环境适应能力。

(4)视觉传感器应用广泛,在智能网联汽车中可以前视、后视、侧视、内视、环视等。

(四)宽视场探测技术中视觉传感器的类型

在智能网联汽车中,视觉传感器主要是以摄像头的方式进行应用,包括单目摄像头、双目摄像头和三目摄像头。其主要用于车道偏离预警系统、车道保持辅助系统、盲区检测系统、自动制动辅助系统中的障碍物检测和道路检测等。

1. 单目摄像头

单目摄像头一般安装在风窗玻璃上部,用于探测车辆前方环境,识别道路、车辆、行人等。先通过图像匹配进行目标识别,再通过目标在图像中的大小位置等去估算目标距离。这需要对目标进行准确识别,然后建立并维护一个庞大的样本特征数据库,保证这个数据库包含待识别目标的全部特征数据。如果缺乏相应的目标特征数据,则无法估算目标的距离,会导致误报。

单目摄像头的优点是成本低廉,能够识别具体的障碍物种类,且识别准确;缺点是由于其识别原理导致其无法识别没有明显轮廓的障碍物,工作效率与外部光线条件有关,并且受限于数据库,没有自学习功能。

2. 双目摄像头

双目摄像头是通过对两幅图像视差的计算,直接对前方景物进行距离测量,而无须判断前方出现的障碍物类型。通过两个平行摄像头的视差,可以找到同一个物体的所有点,通过三角测距,能够算出摄像头与前方障碍物之间的距离,实现更高的识别精度和更远的探测距离。使用这种方案,需要两个摄像头之间有较高的同步率和采样率,因此,技术难点在于双目标定及双目定位。相比单目摄像头,双目摄像头没有识别率的限制,无须先识别,可直接进行测量;直接利用视差计算距离精度更高;无须维护样本数据库。但因为检测原理上的差异,双目视觉方案在距离测算上相比于单目,其硬件成本和计算量级都大幅增加。

3. 三目摄像头

三目摄像头相比单目和双目摄像头,其感知范围更大,但需要同时对三个摄像头进行标定,工作量较大。

(五)宽视场探测技术中视觉传感器的功能

视觉传感器具有车道线识别、障碍物检测、交通标志和地面标志识别、交通信号灯识别、可行空间检测等功能。

1. 车道线识别

车道线是视觉传感器能够感知的最基本的信息,拥有车道线识别功能,即可实现高速公路的车道保持功能。

2. 障碍物检测

障碍物种类很多,如汽车、行人、自行车、动物等,有了障碍物信息,无人驾驶汽车即可完成车道内的跟车行驶。

3. 交通标志和地面标志识别

交通标志和地面标志可作为道路特征,与高精度地图进行匹配后辅助定位;也可以基于这些感知结果进行地图的更新。

4. 交通信号灯识别

交通信号灯状态的感知能力对于城区行驶的无人驾驶汽车十分重要。

5. 可通行空间检测

可通行空间表示无人驾驶汽车可正常行驶的区域。

(六)宽视场探测技术的环境感知流程

宽视场探测技术一般包括图像采集、图像预处理、图像特征提取、图像模式识别、结果传输等,根据具体识别对象和采用识别方法的不同,环境感知流程也会有所差异。

1. 图像采集

图像采集主要是通过摄像头采集图像,如果是模拟信号,要把模拟信号转换成数字信号,并把数字图像以一定格式进行表现,同时,需要根据研究对象和应用场合对摄像头的性价比进行选择。

2. 图像预处理

图像预处理包含的内容较多,有图像压缩、图像增强与复原、图像分割等,具体要根据实际情况进行选择。

3. 图像特征提取

为了完成图像中目标的识别,要在图像分割的基础上,提取需要的特征,并将这些特征进行计算、测量、分类,以便计算机根据特征值进行图像分类和识别。

4. 图像模式识别

图像模式识别的方法很多,从图像模式提取的特征对象来看,图像识别方法可分为基于形状特征的识别技术、基于色彩特征的识别技术以及基于纹理特征的识别技术等。

5. 结果传输

通过环境感知系统识别出的信息,传输到车辆其他控制系统或者传输到车辆周围其他车辆,完成相应的控制功能。

(七)宽视场探测技术的应用

宽视场探测技术是智能网联汽车实现众多预警、识别类 ADAS 功能的基础。宽视场探测技术在智能网联汽车中的应用见表2-3。

宽视场探测技术在智能网联汽车中的应用　　　　表2-3

ADAS	摄像头	功能
车道偏离预警系统	前视	当前视摄像头检测到车辆即将偏离车道线时发出警报
盲区检测系统	侧视	利用摄像头将后视镜盲区的影响显示在后视镜或驾驶室内
自动泊车辅助系统	后视	利用后视镜将车尾影像显示在驾驶室内
全景泊车系统	前视、侧视、后视	利用图像拼接技术将摄像头采集到的影像组成周边全景图
驾驶员疲劳预警系统	内置	利用内置摄像头检测驾驶员是否疲劳、闭眼等
行人碰撞预警系统	前视	当前视摄像头检测到车辆与前方行人可能发生碰撞时发出预警
车道保持辅助系统	前视	当前视摄像头检测到车辆即将偏离车道线时通知控制中心发出指示,纠正驾驶方向
交通标志识别系统	前视、侧视	利用前视、侧视摄像头识别前方和两侧的交通标志
前向碰撞预警系统	前视	当前视摄像头检测到与前车距离小于安全车距时发出警报

三、固态车载激光雷达技术

(一)激光雷达简介

雷达是一种电磁装置,用于探测反射雷达发射信号的物体。本质上,它们通过电磁辐射进行回波定位,雷达设备发出信号并接收到目标物体反射回来的回波信号,通过对反射回来的回波信号进行分析,可以获得特定反射源的距离和其他参数的信息。正如许多技术一样,雷达系统的出现和发展最初是由军事需求推动的,第二次世界大战对美国雷达技术的发展具有深刻的影响,在现代雷达系统中使用的大多数技术都是在第二次世界大战期间或结束不久后被发明出来的。

人类在20世纪60年代发明了现代激光技术,它与传统的雷达技术相结合,从而形成了激光雷达(Light detection and ranging,Lidar)技术,现代激光技术一直都是激光雷达技术的真正推动者。激光雷达一开始工作在可见光波段(红宝石激光器),然后出现在近红外(Nd:YAG激光器)到热红外(CO_2激光器)波段。目前,越来越多工作在人眼安全波段[短波红外波段(1.5μm)]的激光雷达开始出现。

激光雷达系统以微波雷达原理为基础,它利用激光对远距离的物体进行探测,通过对接收到的散射光进行频率、振幅或相位的分析来获取目标的相关信息。对于给定的孔径大小,光学波长相比基于微波的雷达系统可提供更小的衍射角,并且,与微波雷达不同的是,自然界中能够干扰激光雷达工作的电磁波很少,加上激光单色性、相干性、准直度高以及亮度高的优势,使得激光雷达具有体积小、质量轻、时空分辨率高和抗有源干扰能力强等优势。

激光雷达技术早在20世纪70年代就开始被应用于各个领域,刚开始主要用于舰船入港时避障及防碰撞,继而应用于大气探测(大气温度、风速、湿度、污染物浓度等)、测绘遥感(林业调查、地形探测等)、军事侦察(障碍回避、水下探测等)、医学检测(无创血糖监测等)等领域。现代工业化的世界对于自动化产业的需求日益增长,需要激光雷达这样的高精度传感器来充当人类探索三维世界的眼睛,提供关于周围环境的快速可靠的信息,区别于传统测绘等行业所运用的测量型雷达与测风、拉曼等传感型激光雷达。近年来,机器人、无人机和无人车等行业的迅速发展对激光雷达提出了更高的要求,大量的市场需求使得激光雷达技术成为一个重要的研究热点。

一个激光雷达系统主要由两部分构成:成像模块和测距模块。其中,成像模块实现光束方向的变化,测距模块实现不同方向上的距离测量,所以可同时实现光束非机械快速扫描与高精度测距的激光雷达系统具有重要的发展前景与应用价值。下面分别从测距技术和成像技术两个方面来探讨激光雷达技术的发展现状。

(二)固态激光雷达发展现状

固态激光雷达主要运用声光扫描技术、电光扫描技术及微机电系统(Micro-Electro-Mechanical System,MEMS)等实现光束偏转。

声光扫描技术利用声光效应实现光束扫描。声光效应指的是光通过被声波扰动的介质时发生衍射或散射的现象,它是一种弹光效应,声光扫描技术与数字控制的频率发生器结合,能够实现较高的角速度和偏转精度。

电光扫描技术利用电光效应实现光束扫描。电光效应是指某些各向同性的透明物质因外加电场而显示出光学各向异性,折射率发生变化的现象。2016年,Scott R. Davis等人利用一个基于液晶双折射效应的电光波束扫描装置将一个激光雷达系统小型化,并且实现了20°×5°的扫描视场。声光扫描与电光扫描装置中都不包含运动部件,但是存在光束发散以及响应速度慢等缺点。

MEMS利用微加工工艺将机械结构微型化,将扫描单元变成了MEMS微镜,将微光学器件、控制电路等集成在一块芯片上。人们对MEMS的研究始于1980年。2016年,Abhishek Kasturi等人提出了一种应用于小型无人机上具有成像和激光跟踪能力的无线控制MEMS扫描模块。MEMS技术由于相对成熟而被各大激光雷达供应商广泛应用在混合固态激光雷达的方案中。LeddarTech公司提出的MEMS激光雷达的结构如图2-1所示。

图2-1 LeddarTech公司提出的MEMS激光雷达结构示意图

MEMS有利于激光雷达的小型化,但是由于要实现快速扫描,MEMS微镜普遍很小,这就意味着其收光孔径非常小,同时MEMS光束扫描装置还存在光路较为复杂、扫描角度较小的问题。

(三)固态激光雷达工作原理

固态激光雷达主要是依靠波的反射或接收来探测目标的特性,大多源自三维图像传感器的研究,实际源自红外焦平面成像仪。焦平面探测器的焦平面上排列着感光元件阵列,从无限远处发射的红外线经过光学系统成像在系统焦平面的这些感光元件上,探测器将接收到光信号转换为电信号并进行积分放大、采样保持,通过输出缓冲和多路传输系统,最终送达监视系统形成图像。

(四)固态激光雷达形成的三种技术路线

经过多年的发展,固态激光雷达的基本框架已经比较清晰,以下是目前主流的三种方案。

1. MEMS(Micro-Electro-Mechanical System)微机电系统

MEMS 指代的是将机械机构进行微型化、电子化的设计,将原本体积较大的机械结构通过微电子工艺集成在硅基芯片上,进行大规模生产,该技术成熟,完全可以量产。它主要是通过 MEMS 微镜来实现垂直方面的一维扫描,整机360°水平旋转来完成水平扫描,而其光源是采用光纤激光器,这主要是由于 905nm 的管子脉冲重复频率(重频)制得不高,重频一高,平均功率就会太大,会影响激光管的寿命。

从严格意义上讲,MEMS 并不算是纯固态激光雷达,这是因为在 MEMS 方案中并没有完全消除机械部件,而是将机械部件微型化了,扫描单元变成了 MEMS 微镜。

MEMS 激光雷达工作原理如图 2-2 所示。

2. OPA(Optical Phased Array)光学相控阵技术

相比其他技术方案,OPA 方案给大家描述了一个激光雷达芯片级解决方案的美好前景,它主要是采用多个光源组成阵列,通过控制各光源发光时间差,合成具有特定方向的主光束,然后再加以控制,主光束便可以实现对不同方向的扫描。OPA 激光雷达精度可以做到毫米级,且顺应了未来激光雷达固态化、小型化以及低成本化的趋势,但难点在于如何提高单位时间内测量的点云数据以及投入成本巨大等问题。OPA 激光雷达工作原理如图 2-3 所示。

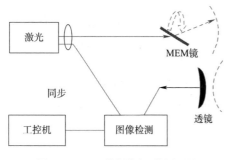

图 2-2 MEMS 激光雷达工作原理图

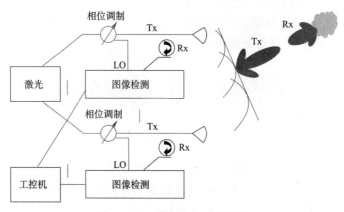

图 2-3 OPA 激光雷达工作原理图

3. Flash

Flash 激光雷达的原理也是快闪,它不像 MEMS 或 OPA 的方案会进行扫描,而是短时间直接发射出一大片覆盖探测区域的激光,再以高度灵敏的接收器,来完成对环境周围图像的绘制。Flash 激光雷达工作原理如图 2-4 所示。

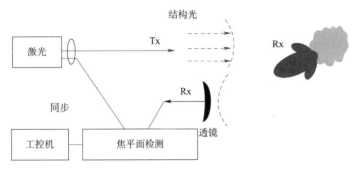

图 2-4　Flash 激光雷达工作原理图

(五)固态激光雷达的优劣

1. 优势

利用光学相控阵扫描技术的固态激光雷达的确有很多优势,主要包括以下几点。

(1)其结构简单,尺寸小,不需要旋转部件,在结构和尺寸上可以大大压缩,提高了使用寿命并使其成本降低。

(2)扫描精度高。光学相控阵的扫描精度取决于控制电信号的精度,可以达到千分之一度量级以上。

(3)可控性好。在允许的角度范围内可以做到任意指向,可以在重点区域进行高密度的扫描。

(4)扫描速度快。光学相控阵的扫描速度取决于所用材料的电子学特性,一般都可以达到 MHz 量级。

2. 劣势

固态激光雷达当然也同样存在一些劣势,例如以下方面。

(1)扫描角度有限。固态意味着激光雷达不能进行 360°旋转,只能探测前方。因此,要实现全方位扫描,需在不同方向布置多个(至少前后两个)固态激光雷达。

(2)旁瓣问题。光栅衍射除了中央明纹外还会形成其他明纹,这一问题会让激光在最大功率方向以外形成旁瓣,分散激光的能量。

(3)加工难度高。光学相控阵要求阵列单元尺寸必须不大于半个波长,目前一般激光雷达的工作波长均在 1μm 左右,故阵列单元的尺寸必须不大于 500nm。而且阵列密度越高,能量也越集中,这都提高了对加工精度的要求,需要一定的技术突破。

(4)接收面大、信噪比差。传统机械雷达只需要很小的接收窗口,但固态激光雷达却需要一整个接收面,因此,会引入较多的环境光噪声,增加了扫描解析的难度。

总的来说,目前固态激光雷达在其本应具有的特性上(可靠性强、成本低及测距远),市面上现有的雷达产品很难同时满足,这也决定了固态激光雷达在短时间内是很难被产品化,也导致了目前所有固态雷达公司的交货日期都在不断延长。

（六）小结

虽然很多业内人士预测，固态化、小型化、低成本化将是未来激光雷达的发展趋势，但目前机械式激光雷达仍是主流。响应速度、驱动电压、旁瓣压缩等底层技术指标分别影响了激光雷达系统的扫描速度、功耗、视场角等性能。提升材料的响应速度将提高系统的扫描速度；减小驱动电压将有利于系统功耗的整体降低；OPA 的旁瓣压缩技术将提高系统的视场角，获得更大的扫描范围；提高分辨力将使得系统能够更好地分辨目标细节。

机械式激光雷达存在精密装配困难、系统庞大等缺点，目前价格仍然居高不下。为了弥补这一缺陷，研究者们提出了诸多解决方案。20 世纪 90 年代开始出现 Flash 3D 成像激光雷达，也出现了通过液晶实现的首个光学相控阵结构，21 世纪初出现了 MEMS 类型的激光雷达组件，迄今各种方案竞相追逐，不断发展。MEMS 器件作为机械式激光雷达向固态激光雷达过渡的解决方案，具有一定程度的小型化、响应速度较快的特点，且 MEMS 功能性结构能够忍受热压，因此，可以承受相对较高的激光能量，但是由于 MEMS 结构单元尺寸较大，存在机械振动、旋转，受环境因素影响较大。针对全固态激光雷达发展需求，Flash 激光雷达可对目标一次照射成像，成像质量最终取决于面阵探测器的性能，但是数据庞大、一次成像速度较慢。液晶光学相控阵器件在空间光调制器领域商业化应用成熟，具有全固态、便宜、可大面积制作等特点，但是响应速度较慢、光束可偏转角度较小。数十年来，集成光波导相控阵芯片作为全固态、小型化激光雷达最有潜力的解决方案得到了广泛的研究，硅基光学相控阵激光雷达具有互补金属氧化物半导体（CMOS）兼容的特点，价格便宜，但是热光效应的扫描速度仍有待提升，可以采用硅基等离子体色散效应的相位调制器来满足更高速的应用需求。从目前相控阵芯片性能来看，光学相控阵天线的大规模集成将增大激光雷达的光学孔径，提高分辨力。但是，大规模芯片上激光雷达尺寸根本上受限于电压控制单元的电极引线总体尺寸，相控阵列数越多，电极排布越困难，可以通过电极多层分布的方式解决此问题。

目前，在比较热门的车载激光雷达研究领域，成熟商用的激光雷达大多是机械式激光雷达，行业龙头 Velodyne 公司成立于 1983 年，经过多年机械式雷达研究的积累，行业地位很难动摇。Leddar Tech 公司是 MEMS 激光雷达的代表性公司。国内的激光雷达公司大多成立不久，镭神智能、北科天绘、速腾聚创、禾赛科技等大多在机械式激光雷达方案上不断改进，在 MEMS 激光雷达领域有所涉及但仍未大规模商用；北醒科技、光珀智能、华科博创等国内公司在 Flash 激光雷达领域也不断推出产品。Quanergy 公司将相控阵激光雷达带入商业视野，正研发适用于车内传感系统和无人驾驶汽车的全固态激光雷达。

总之，具有大功率、大扫描角度、高分辨力等高性能参数的全固态、小型化激光雷达仍然需要进一步的研究来得以实现。随着现代半导体技术、材料技术日新月异地发展，加工工艺更加精密、集成规模更大，相信在不久的将来一定能够实现全固态、小型化激光雷达在智能领域的商业化应用。

四、厘米级实时测距关键技术

（一）概述

汽车前方测距技术是汽车安全辅助驾驶的重要组成部分，主要是测量前方障碍物或车辆的距离。当测得的距离小于安全距离时,系统会发出刺耳的警报声来提醒驾驶员,保障汽车的行驶安全。测距技术还能为智能车辆的自动驾驶、路径规划和实时控制提供信息支持。随着科学技术的不断发展、新技术和新方法的运用,汽车测距技术也将不断地推陈出新。目前,汽车上采用的测距方式主要有超声波测距、毫米波雷达测距、激光测距以及视觉测距。

1. 超声波测距

超声波是一种机械波,振动频率在万赫兹以上,具有穿透性强、衰减性小等特点。超声波在传输过程中具有一定的方向性,而且遇到障碍物时容易反射回来,超声波测距仪正是根据超声波的这一特性来实现测距,它通常由发射装置、接收装置以及信号处理装置等构成。

超声波测距仪工作时,发射装置不断地向外发出连续的脉冲波,同时向测量逻辑电路发出一个短脉冲。发射出去的脉冲波碰到障碍物反射回来,接收装置收到反射波之后,也同时向测量逻辑电路发出一个短脉冲。这样的两个短脉冲经过双稳电路转化成一个方脉冲。方脉冲的宽度就是发射波和反射波之间的时间间隔,只要能够测量出这个方脉冲的宽度,发射装置和障碍物之间的距离也就能计算出来。超声波测距仪的组成以及工作过程如图 2-5 所示。

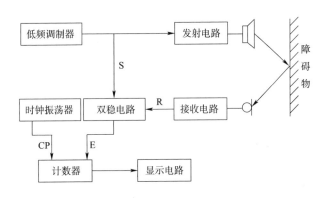

图 2-5 超声波测距仪组成及工作过程

超声波测距仪具有构造简单、制作方便和成本低廉等优点。但是在测量汽车前方障碍物的距离时并未采用这种方式,这主要是因为超声波的速度并不稳定,容易受到外界环境因素的干扰。例如温度不同时声速会出现一定的差异,在 -30~30℃ 的温度变化范围内,声速会发生变化,而且声速还会受到雨、雾和雪等天气情况的影响,这些都使得超声波测距的准确性降低;尽管超声波的衰减性比较小,但是随着测量距离的增大,反射回来的超声波还是会减小,并且距离越远,反射波越少,这使得超声波测距仪的灵敏度大为降低,也就很少应用在较远距离的测量上。超声波测距仪的理想测量距离通常较短,因此,汽车的倒车防撞系统上可以采用这种方式来测距。

2. 毫米波雷达测距

雷达可以通过探测物对电磁波的反射来发现目标,并且能够根据反射波与发射波之间的时间差测定探测物的距离。雷达的工作原理与超声波测距类似,但其使用的电磁波频率要比超声波的频率高,雷达的工作频率是 3MHz~300GHz。微波雷达的工作频率小于 30GHz,毫米波雷达的工作频率大于 30GHz。作为车载雷达测距仪,工作频率通常选择 60GHz、120GHz 以及 180GHz,这几个波段的电磁脉冲波的波长都是毫米级,因此称为毫米波雷达。

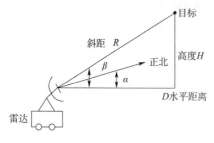

图 2-6 雷达测距仪原理图

雷达要实现对空间中物体位置的测定,需用到三个参数:斜距 R、方位角 α、仰角 β 或者高度 H,雷达测距仪原理如图 2-6 所示。

雷达测距仪工作时,天线会向空间发射出一些周期重复的电磁脉冲波,发射波碰到空间中的物体会被反射回来,而反射波与发射波之间存在时间差 T_r 和一个频移 F_a,它们均可以由雷达测定,则目标位置可以用式(2-1)来表示:

$$\begin{cases} R = \dfrac{1}{2} C\, T_r \\ F_a = \dfrac{1}{\lambda} V_r \end{cases} \tag{2-1}$$

式中:R——目标与雷达之间的距离,m;
  C——光速,$C = 3 \times 10^8 \mathrm{m/s}$;
  T_r——雷达发射波与物体反射波之间的时间差,s;
  F_a——反射波频率与发射波频率之差,即多普勒频移,Hz;
  V_r——雷达和空间物体的线速度,m/s;
  λ——雷达工作波长,m。

按照雷达天线发射出的波束指向,当雷达天线在方位角的方向转动时,可以确定出方位角 α,在俯仰角的方向转动时,就可以确定俯仰角 β。

与微波雷达相比,毫米波雷达的波长短、频率高,这样能够减小雷达发射出的电磁波射束的角幅度,可以降低一些不必要的反射波产生的影响;毫米波雷达的多普勒频移 F_a 比较大,能够较为准确地测量出雷达与物体间的相对速度 V_r。所以在车辆的测距领域,我们一般会使用毫米波雷达。与其他的测距方式相比,毫米波雷达测距仪作为长距离传感器,具有稳定的探测性能,而且环境适应性能也很好,受天气变化情况的影响小,就算是在比较恶劣的天气条件下,也能很好地实现距离的测量。

毫米波雷达测距仪可以实现对多个目标进行同时测量,并具有很好的目标识别能力,测量距离的准确度比较高,受外界环境因素的影响小,完全可以作为汽车的测距设备。但是毫米波雷达测距仪容易受到其他电磁波的干扰,例如雷达装置之间或者其他通信设施的电磁波,这可能会导致车辆的误操作。目前毫米波雷达多用作车辆的防撞雷达,避免追尾碰撞事故的发生。

3. 激光测距

激光测距仪作为一种利用光子对目标距离进行准确测定的仪器,具有质量轻、体积小、操作简单等特点,而且其测量速度快,精度高,误差仅为其他测距仪的五分之一到数百分之一,所以它被广泛地应用在了很多领域。

激光测距仪的工作原理主要有两种。采用计数原理的激光测距仪工作时,激光发射器射出光脉冲,同时计数器开始计数,光脉冲碰到空间中的目标被反射回来,信号接收器收到反射光脉冲,此时计数器停止计数,根据计数器中记录的光脉冲数目,就能够测出目标与测距仪之间的距离。这种测距方式的关键之处在于计数器的性能,而且随着测量距离的缩短,误差会变大。还有一种激光测距仪则是利用了相位原理,它使用无线电波段的频率,对激光束的幅度进行调制,并且测出调制后的激光束在测距仪与目标之间往返一次所产生的延迟,再根据调制激光束的波长,就能够计算出二者之间的距离。相位式激光测距仪的精度高,其误差一般为毫米级,所以通常被应用到精密测距中。

作为激光测距的一个分支,成像式激光雷达的发展非常迅速。按照成像方式的不同,成像式激光雷达可以分成扫描成像激光雷达和非扫描成像激光雷达。扫描成像激光雷达是将激光雷达与光学扫描镜整合成为一个扫描器,由其控制激光的发射方向,然后通过对视场的逐点扫描测量,就能够得到视场内目标的信息数据。由于扫描成像激光雷达要对视场进行逐点的扫描测量,通常会有成像速度比较迟缓的问题,这就对系统的软件和硬件等方面提出了较高的要求。非扫描成像激光雷达通过分束器系统把光源发出的调制激光波分成多束光波,然后沿着不同方向射向待测定的区域。待测区域中的目标表面会将射来的光波进行散射,再经过微通道图像增强板混频输出,由面阵电耦合器件(CCD)组成的成像器接收,CCD中像元的输出信号包含有成像区域的距离信息,这些信息通过技术融合就能实现三维图像的重建。在非扫描成像激光雷达中,只需要对待测区域进行测量,这就大大减少了测试点的数目,有效提高了系统的成像速度。扫描成像激光雷达和非扫描成像激光雷达的技术都还不太成熟,在实际的应用中比较少。

激光雷达测距仪在工作时,容易受到天气和大气环境因素的影响,一般在晴朗的天气里激光的衰减比较小,传播的距离较远,而当遇到大雨、大雪或浓雾等恶劣天气时,激光的衰减也会急剧加大,使得传播距离大受影响,并且大气环流会使激光光束发生畸变、抖动等,直接影响到测距精度;另外由于激光雷达的波束极窄,使得其搜索空间目标非常困难,严重影响对障碍目标的探测效率,故而只能在较小的范围内探测、捕获目标。

4. 视觉测距

人们依靠视觉获取大部分外界信息,而机器视觉系统则是利用摄像机获取到大量的交通环境信息,例如交通信号标志、路面车道线标记以及前方障碍物等。计算机视觉技术在处理智能交通方面的问题时,算法比较灵活,具有很强的适应性,所以它的应用比较广泛。在使用视觉技术获取空间物体的三维信息时,主要有单目视觉系统和双目或多目视觉系统。单目视觉系统利用一幅采集到的图像,由摄像机的内参数及外参数,可以计算出图像中目标的距离信息;单目视觉系统还能够在视频长序列当中使用特征匹配与光流技术,对空间中物体的三维参数进行估算。视觉技术当中的双目视觉系统是根据人类的双目视觉原理发展起来的,它是用相隔一定距离的两台摄像机同时对物体成像,由计算机对采集到的这两幅图像进行分析和处理,就可以估算出图像中物体在空间中的位置信息。

采用计算机视觉技术进行测距,可以获得比较精确的测量距离,同时在测距过程中获取的道路图像中含有丰富的信息,对这些信息加以识别和处理,有助于汽车的安全辅助驾驶,例如估计路面的平坦状况,识别道路上的行驶车辆,识别交通信号标志以及估算行驶车辆的偏离程度等。伴随着计算机技术的发展,视觉测距技术在智能交通领域也得到广泛地应用。计算机硬件水平满足图像处理的实时性要求,而且视觉传感器的价格比较合理,系统的成本也不算高,所以可以选用单目视觉测距技术来实现车辆前方障碍物的距离测量。单目视觉测距技术同样会有测量误差,但是相关的研究资料证明,人们在驾驶汽车时对前方障碍物的距离判断只是个模糊的概念,距离越远时,估算出的距离误差也就会越大,但通常很少有追尾或碰撞事故是由于正常驾驶时对距离估计不准确而导致的,大多是由驾驶员操作不当或注意力不集中产生的。因此,采用单目视觉测距系统对车辆前方的障碍物进行测距,完全符合汽车安全车距的预警要求。

(二)基于单目视觉的实时测距

1. 单目视觉测距方法的原理

基于单目视觉的测距模型,现在主要有基于小孔成像原理的测距模型、基于单帧静态图像的测距模型以及基于序列图像的测距模型。

1)基于小孔成像原理的测距模型

单目视觉的测距原理是从生理学的基础上发展而来的,根据视角测量的原理,如果保持视网膜上的视像尺寸,则物体大小和物体距离之间的比值保持不变,如式(2-2)所示:

$$s = \frac{S}{D} \tag{2-2}$$

式中:s——视网膜上的视像尺寸;

S——物体的大小;

D——物体的距离。

根据公式可以知道,如果当物体的实际大小已知时,经过视觉观察就能估计出物体的距离。也可以这样理解,当观察尺寸相差不大的几个物体时,哪一个物体在视网膜上生成的视像大,它就会离观察者更近一些。

图 2-7 所示为小孔成像原理。

用小孔成像的原理来表示摄像机的成像几何关系,则可得到式(2-3):

$$D = \frac{fH}{h} \tag{2-3}$$

基于小孔成像原理的测距模型当中,物体的距离是与图像大小成反比的,当已知物体实际的尺寸以及摄像机的一些参数时,就能够求得物体的距离。

2)基于单帧静态图像的测距模型

图像采集就是将三维空间中的物体投影到摄像机的二维成像图面上,一般采用几何透视变换来描述这个投影过程,对透视变换的描述可以利用小孔成像的原理,如图 2-8 所示。

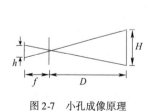

图 2-7　小孔成像原理　　　　　图 2-8　静态图像测距几何模型

图中,f 为摄像机的有效焦距,h 表示摄像机的安装高度,(x_0, y_0) 是摄像机的光轴与图像平面的交点,同时,它也是像平面坐标系的坐标原点,通常其值取(0,0),道路平面上的点在图像平面坐标系中的坐标表示为(x,y)。

道路平面上的点 P 为检测到的前方障碍物在路面上的垂直投影位置。通过几何关系可以得出点 P 与摄像机之间水平距离 d,如式(2-4)所示:

$$d = \frac{hf}{(y-y_0)} \qquad (2-4)$$

3) 基于序列图像的测距模型

基于序列图像的测距几何模型如图 2-9 所示,该图表示了前后两帧图像之间的成像几何关系。

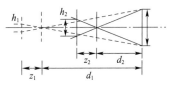

图 2-9 序列图像测距几何模型

由透镜成像原理可得出式(2-5):

$$\frac{1}{d_1}+\frac{1}{z_1}=\frac{1}{f}, \frac{1}{d_2}+\frac{1}{z_2}=\frac{1}{f}, \frac{H}{h_1}=\frac{d_1}{z_1}, \frac{H}{h_2}=\frac{d_2}{z_2} \qquad (2-5)$$

式中:f——摄像机焦距;

d_1,d_2——物体的距离;

h_1,h_2——物体高度和镜头直径;

z_1,z_2——图像中的距离;

H——成像高度。

由上式可得式(2-6):

$$d_2 = \frac{h_1(h_2+H)(d_1-d_2)}{H(h_2-h_1)} \qquad (2-6)$$

最后,可推得式(2-7):

$$d_2 = \frac{h_1 d_1}{h_2} \qquad (2-7)$$

2. 单目视觉测距的实现

在根据小孔成像原理建立的单目视觉测距模型中,要实现目标距离的测量须已知物体的实际尺寸,对于行驶中的车辆,这样的条件显然是不现实的,虽然这种测距模型很简单,但并不适用于车载设备测距。序列图像测距模型中能够知道相对距离的变化情况,无法获取到车辆与前方目标物之间的准确距离,它只适合于目标跟踪过程中相对距离信息的获取。而基于单帧静态图像的测距模型能够适用于车载设备,满足车辆与前方目标物之间距离测量的要求。

基于单帧静态图像的测距模型中 h 为摄像机距离地面的高度,由于 CCD 摄像机的安装高度对于不同类型的车辆是变化的,即使是同一车辆,每次安装时也会发生变化,故在每次安装使用时,都应先对摄像机进行标定,从而得到准确的摄像机高度,进而可以获得前方目标物的距离。

(三) 基于双目视觉的实时测距

1. 双目摄像机模型

单目摄像机模型描述的是单个摄像机的成像模型,然而仅根据一个像素是无法确定空间点的具体位置的。测量景物深度的方法有很多，例如，人类就可以根据左右眼观测到的景物视差来判断景物到人眼之间的距离。双目摄像机的成像原理类似于人眼，通过左右摄像头采集到的图像，计算图像间的视差来测量每一个像素的深度。图 2-10 所示为双目摄像机的成像原理。

双目摄像机一般由左右两个摄像机水平放置组成，有时也可以做成上下两个摄像机，不过主流的双目摄像机还是水平放置的。在双目摄像机中，左右两个摄像机都可以单独地看作针孔摄像机。O_L 与 O_R 分别为左右摄像机的光圈中心，由于双目摄像机是水平放置的，这就说明两个摄像机的光圈中心连线构成一条线段，左右摄像机的光圈中心 O_L 与 O_R 之间的距离称为双目摄像机的基线（一般记作 b），基线是双目摄像机的重要参数。

2. 双目立体视觉测距原理

双目立体视觉是计算机视觉中的一个重要分支，即由不同位置的两台摄像机经过平移或者旋转来拍摄同一场景，通过计算空间点在两幅图像中的视差，来获取空间点的三维坐标值。双目立体视觉系统通常由图 2-11 所示的六部分组成。

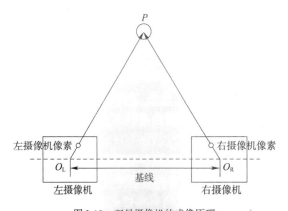

图 2-10　双目摄像机的成像原理

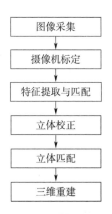

图 2-11　双目立体视觉系统组成

① 图像采集是图像处理的前提，也是计算机视觉的物质基础。图像采集中常用的硬件设备包括工业 CCD 摄像机、图像采集卡、数码摄像机和扫描仪。在进行图像采集时，不仅要满足双目立体视觉系统的应用要求，还要考虑光照、摄像机性能和视点差异等因素。

② 摄像机标定在双目立体视觉系统中扮演着重要角色，后期的矫正、校正与三维重建都需要在标定的基础上才能完成，摄像机标定的目的是为了确定摄像机的内部几何和光学特性（内部参数），以及在以左摄像机为视界坐标系情况下，右摄像机相对左摄像机的摆放位置和角度（外部参数）。摄像机标定的精度高低将直接影响后期三维重建的效果。根据是否需要标定参照物，将摄像机标定分为传统摄像机标定法和自标定法。传统摄像机标定方法包括直接线性变换（DLT）方法、镜像排列约束（RAC）方法、张正友的平面标定法；目前已有的自标定法包括：基于 Kruppa 方程的摄像机自标定法、分层逐步标定法、基于二次曲面的自标定法、基于主动视觉的摄像机自标定法和其他改进的摄像机自标定法，主动视觉标定法可以通过线性求解，鲁棒性较强，缺点是不能应用于摄像机运动未知的场合。各种摄像机标定算法的比较见表 2-4。

各种摄像机标定算法的比较 表2-4

摄像机标定算法	设备依赖程度	标定物依赖程度	精度
传统标定法	低	高	高
摄像机的自标定法	高	低	低
主动视觉的自标定法	一般	一般	较高

③特征提取与匹配,先要对图像进行预处理与特征点的提取,常用的特征提取算法包括:尺度不变特征变换(SIFT)算法、特征提取(ORB)算法和加速健壮特征(SURF)算法等。经过第一步采集到的图像可能包含各种噪声和畸变,因此,预处理这一步是必不可少的。图像预处理的目的主要有两个:一是消除噪声、消除畸变和增加边缘特征等以改善图像质量;二是使计算机容易处理图片,便于后期进行特征提取。理想的双目立体视觉系统是:两摄像机的图形平面平行,两摄像机的光轴与图形平面垂直,极点位于无穷远处。由于摄像机的摆放位置、角度以及光学精度的限制,使得很难存在满足上述要求的两个图像平面,因此,我们需要进行立体校正。

④立体校正是利用摄像机标定获取的内外参数,然后对两个图形平面进行变换以达到同行共面的目的,从而减小立体匹配的计算复杂度。

⑤立体匹配是计算机视觉领域中最困难也是最重要的一部分,立体匹配涉及的问题太多,至今还得不到很好的解决。立体匹配主要是建立一个能量代价函数,通过求解能量代价函数的极值来估计像素点的视差值,它实质是一个最优化的求解问题,通过建立合理的能量代价函数,利用最优化方法进行方程求解。

⑥三维重建是通过二维景物图像重构出景物的三维图像,以此来计算场景中景物的深度信息。

以上六个部分共同构成了双目立体视觉系统的完整体系。

3. 双目摄像机标定——张正友标定法

"张正友标定法"介于传统标定法与自标定法之间,该法克服了传统标定法要求标定物精度高的缺点,只需打印一张棋盘格即可,与自标定法相比,该标定法提高了精度,因此,该标定法广泛应用于计算机视觉领域。

设三维空间上点 M 的坐标为 $(X,Y,Z)^T$,点 M 在成像平面上的投影点 m 的坐标为 $(u,v)^T$,用 $\tilde{x}$ 表示在矩阵的最后面元素中加入1的向量,三维空间点 M 与它的投影点 m 之间的关系如式(2-8)所示:

$$s\tilde{m}=A[R,t]\tilde{M} \qquad (2-8)$$

式中:s——尺度因子;

R——旋转矩阵;

t——平移向量;

R,t——摄像机外部参数;

A——摄像机内参数矩阵。

其中 A 的表达式为:

$$A = \begin{bmatrix} \alpha & \gamma & u_0 \\ 0 & \beta & v_0 \\ 0 & 0 & 1 \end{bmatrix} \tag{2-9}$$

式中：γ——图像在 x 与 y 的倾斜系数；

α——u 轴上的尺度因子，$\alpha = f/dx$；

β——v 轴上的尺度因子，$\beta = f/dy$。

张正友平面标定法中，令 $z = 0$，则三维点 M 到二维点 m 的单映性矩阵可以表示为：

$$s \begin{bmatrix} u \\ v \\ 1 \end{bmatrix} = A \begin{bmatrix} r_1 & r_2 & r_3 & t \end{bmatrix} \begin{bmatrix} X \\ Y \\ 0 \\ 1 \end{bmatrix} = A \begin{bmatrix} r_1 & r_2 & t \end{bmatrix} \begin{bmatrix} X \\ Y \\ 1 \end{bmatrix} \tag{2-10}$$

令单映性矩阵 $H = A \begin{bmatrix} r_1 & r_2 & t \end{bmatrix}$，则式(2-10)可写为：

$$s \tilde{m} = H \tilde{M} \tag{2-11}$$

令单映性矩阵 H 表示成三个列向量 $H = \begin{bmatrix} h_1 & h_2 & h_3 \end{bmatrix}$，则有 $\begin{bmatrix} h_1 & h_2 & h_3 \end{bmatrix} = \lambda A \begin{bmatrix} r_1 & r_2 & t \end{bmatrix}$，其中：$\lambda$ 为缩放尺度因子，也是 s 的倒数，r_1 和 r_2 标准正交，根据旋转矩阵正交特性可得：

$$\begin{cases} h_1^T A^{-T} A^{-1} h_2 = 0 \\ h_1^T A^{-T} A^{-1} h_1 = h_2^T A^{-T} A^{-1} h_2 \end{cases} \tag{2-12}$$

令：

$$B = A^T A^{-1} = \begin{bmatrix} B_{11} & B_{12} & B_{13} \\ B_{21} & B_{22} & B_{23} \\ B_{31} & B_{32} & B_{33} \end{bmatrix}$$

$$= \begin{bmatrix} \dfrac{1}{\alpha^2} & -\dfrac{1}{\alpha^2 \beta} & \dfrac{v_0 \gamma - u_0 \beta}{\alpha^2 \beta} \\ -\dfrac{1}{\alpha^2 \beta} & -\dfrac{1}{\alpha^2 \beta} - \dfrac{1}{\beta^2} & -\dfrac{v_0 \gamma - u_0 \beta}{\alpha^2 \beta} - \dfrac{v_0}{\beta^2} \\ \dfrac{v_0 \gamma - u_0 \beta}{\alpha^2 \beta} & -\dfrac{v_0 \gamma - u_0 \beta}{\alpha^2 \beta} - \dfrac{v_0}{\beta^2} & \dfrac{v_0 \gamma - u_0 \beta}{\alpha^2 \beta} + \dfrac{v_0}{\beta^2} + 1 \end{bmatrix} \tag{2-13}$$

可知 B 是一个对称阵，将 B 写成六维向量的形式：

$$b = \begin{bmatrix} B_{11} & B_{12} & B_{22} & B_{13} & B_{23} & B_{33} \end{bmatrix}$$

将 H 矩阵的列向量表示成 $h_i = \begin{bmatrix} h_{i1} & h_{i2} & h_{i3} \end{bmatrix}^T$，这样可以得到：

$$h_i^T B h_j = v_{ij}^T b \tag{2-14}$$

其中：

$$v_{ij} = \begin{bmatrix} h_{i1} h_{j1} & h_{i1} h_{j2} + h_{i2} h_{j1} & h_{i2} h_{j2} & h_{i3} h_{j1} + h_{i1} h_{j3} & h_{i3} h_{j2} + h_{i2} h_{j3} & h_{i3} h_{j3} \end{bmatrix}$$

可得：

$$\begin{bmatrix} v_{12}^T \\ (v_{11} - v_{12})^T \end{bmatrix} b = 0$$

$$vb = 0 \tag{2-15}$$

一旦求解出矩阵 b 的值,便会求解出摄像机内参数矩阵 A 的值:

$$\begin{cases} u_0 = \dfrac{\gamma v_0}{\alpha} - \dfrac{B_{13}\alpha^2}{\lambda} \\ v_0 = \dfrac{B_{12}B_{13} - B_{11}B_{23}}{B_{11}B_{22} - B_{12}^2} \\ \alpha = \sqrt{\dfrac{\lambda}{B_{11}}} \\ \beta = \sqrt{\dfrac{\lambda B_{11}}{B_{11}B_{12} - B_{12}^2}} \\ \lambda = B_{11} - [B_{13}^2 + v_0(B_{12}B_{13} - B_{11}B_{23})]/B_{11} \end{cases} \tag{2-16}$$

可解出所有外参数的值:

$$\begin{cases} r_1 = \lambda A^{-1} h_1 \\ r_2 = \lambda A^{-1} h_2 \\ r_3 = r_1 \times r_2 \end{cases} \tag{2-17}$$

其中:

$$\lambda = \dfrac{1}{\|A^{-1}h_1\|} = \dfrac{1}{A^{-1}h_2}$$

通过最大似然估计法对所得的结果进行修正:

$$\sum_{i=1}^{n}\sum_{j=1}^{m} \|m_{ij} - \widehat{m}(A, R_i, t_i, M_j)\|^2 \tag{2-18}$$

式中: m_{ij}——第 j 个点在第 i 幅图像上的成像点;

R_i, t_i——第 i 幅图像的旋转矩阵与平移向量;

$\widehat{m}(A, R_i, t_i, M_j)$——第 j 个点投影到第 i 幅图像上的像点坐标。

摄像机是有畸变的,在张正友标定法中,考虑了径向畸变,在只涉及径向畸变时,主点周围的泰勒级数为:

$$\begin{cases} \breve{u} = u + (u - u_0)[k_1(x^2 + y^2) + k_2(x^2 + y^2)^2] \\ \breve{v} = v + (v - v_0)[k_1(x^2 + y^2) + k_2(x^2 + y^2)^2] \end{cases} \tag{2-19}$$

式中:(u,v)——第 j 个点在第 i 幅图像上的成像点;

$(\breve{u},\breve{v})$——径向畸变的像素坐标;

(x,y)——理想的图像坐标;

k_1, k_2——径向畸变系数。

用矩阵的形式表达式可得:

$$\begin{bmatrix} (u-u_0)(x^2+y^2) & (u-u_0)(x^2+y^2)^2 \\ (v-v_0)(x^2+y^2) & (v-v_0)(x^2+y^2)^2 \end{bmatrix} \begin{bmatrix} k_1 \\ k_2 \end{bmatrix} = \begin{bmatrix} u-\breve{u} \\ v-\breve{v} \end{bmatrix} \tag{2-20}$$

由于每幅图像中的每个点均对应一个方程,因此,n 幅图像中的 m 个点共有 $2mn$ 个方程,则有:

$$Dk = d \tag{2-21}$$

其中 $k = [k_1 \quad k_2]^T$。

此方程的最小二乘解：

$$k = (D^TD)^{-1}D^Td \tag{2-22}$$

通过最优化函数来估算所有的参数，其中目标函数为：

$$\sum_{i=1}^{n}\sum_{j=1}^{m}\|m_{ij} - \hat{m}(A, k_1, k_2, R_i, t_i, M_j)\|^2 \tag{2-23}$$

式中：$\hat{m}(A, k_1, k_2, R_i, t_i, M_j)$——第 j 个点投影到第 i 幅图像上的像点坐标。

以下为张正友标定法的描述过程：

(1) 打印一张由黑白棋格相间组成且大小为 A3 纸的棋盘格；

(2) 从不同角度拍摄若干张棋盘格的照片；

(3) 检测图像中的角点；

(4) 求取摄像机的内参数与外参数；

(5) 求取摄像机的畸变系数；

(6) 优化求解。

(四) 基于激光雷达的实时测距

1. 三角测距

三角测距中激光雷达会与待测量目标之间形成一个三角形，利用该三角形的几何关系即可实现对目标距离的估计。

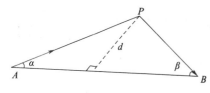

图 2-12　激光雷达三角测距原理

激光雷达三角测距的工作原理如图 2-12 所示。

图中 A 点为激光发射点，B 点为激光接收点，P 点为待测量的目标。α 角为激光发射角，AB 为激光发射点与接收点之间的距离，均可通过激光雷达的模型确定，为已知量。A 点发射的激光，击中 P 点后，反射到 B 点，可以测量 β 角的大小，可唯一确定出该三角形，并求出 d 的距离。

$$\frac{AP}{\sin\beta} = \frac{AB}{\sin(\pi - \alpha - \beta)}$$

$$d = AP \times \sin\alpha \tag{2-24}$$

得到：

$$d = \frac{AB \times \sin\alpha \times \sin\beta}{\sin(\pi - \alpha - \beta)} \tag{2-25}$$

另外由于接收点 B 的激光接收面大小有限，所以该方法一般只能对近距离目标测量，常为几米左右。

2. 飞行时间测距

飞行时间测距通过直接测量脉冲激光在空间中的飞行时间，并与已知的光速相结合，求得激光雷达与目标之间的距离。

激光雷达飞行时间测距的工作原理如图 2-13 所示。

激光发射器在向测量目标发射激光的同时向时间测量单元发送起始信号。激光接收器在接收到激光经过测量目标反射的激光回波后,向时间测量单元发送终止信号。时间测量单元通过测量起始信号与终止信号之间的时间差获得激光在空间中的飞行时间 t,从而通过下式计算出激光雷达与待测目标间的距离 d:

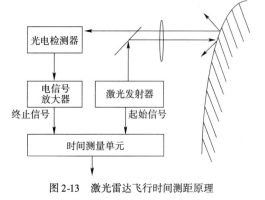

$$d = \frac{ct}{2} \tag{2-26}$$

图 2-13 激光雷达飞行时间测距原理

其中 c 为光速。由于光速数值较大,因此,必须要确保时间测量单元的性能足够好,测量距离才够精确。

3. 激光雷达数据处理

激光雷达传感器获得传感器与待测目标间的距离后,需要对得到的测量数据进行筛选,激光雷达的数据帧一般包括测量时刻、测量距离、测量强度等。由于激光雷达本身的测量盲区与自身应用场景的要求,一般要通过测量距离对激光雷达的数据帧进行筛选,筛选出满足要求的测量数据后,才能对这些数据做进一步处理应用。

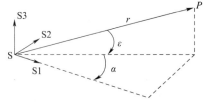

图 2-14 激光雷达坐标系的建立

在对激光雷达的扫描数据进行筛选后,需要通过这些测量数据得到测量目标在当前激光雷达坐标系下的坐标。

激光雷达坐标系的建立如图 2-14 所示。

图 2-14 中 S 为以激光雷达为原点建立的坐标系,P 为目标点,r 为测得的激光雷达与目标点 P 之间的距离,α、ε 分别对应当前测量时刻激光雷达的偏航角与俯仰角。可以求得点 P 在当前坐标系下的坐标,

$$P = \begin{bmatrix} x \\ y \\ z \end{bmatrix} = \begin{bmatrix} r \times \cos\alpha \times \cos\varepsilon \\ r \times \sin\alpha \times \cos\varepsilon \\ r \times \sin\varepsilon \end{bmatrix} \tag{2-27}$$

激光雷达通过上式得到目标点坐标后,这些扫描点的坐标组成点云,点云将作为激光雷达的观测数据等待定位算法更进一步的处理。由于激光雷达通过光电探测实现深度估计,感应波段较窄,不易受外部影响,因此黑夜强光等特殊环境不会对激光雷达测距产生影响。

第二节 基于多传感器数据融合的环境感知技术

一、多传感器融合算法概述

无人驾驶起源于美国的 DARPA(Defense Advanced Research Projects Agency)比赛,并

由 Sebastian Thrun 于 2009 年开启实用研发计划。2014 年,伴随着深度学习的崛起,Uber、汽车主机厂、百度等厂家的入局,无人驾驶开启了百家争鸣的时代。其中,具有量产压力的传统汽车主机厂主要研发 L2、L3 级别的方案,以采用摄像头和毫米波雷达为主;百度与谷歌等科技公司主要研发 L4 级别以上的方案,以采用激光雷达、摄像头与毫米波雷达为主。

2007 年至今,大致可分为四代无人驾驶系统。其中,第一代主要采用 Velodyne64 线激光雷达与相机分开处理方案;第二代主要方案为多颗16 线或 32 线雷达融合摄像头以及其他传感器,进行定位于与目标识别;第三代主要将第二代激光雷达升级为固态激光雷达,并将固态雷达安装到车辆的前方;第四代方案将去除转向盘,采用移动空间的概念,目前是所有厂商追求的终极目标。综上可以看出,现阶段所研究的第二代与第三代方案,传感器融合均是必须攻克的难点。

多传感器融合技术主要存在传感器同步与融合数据开发两个难点。前者主要在于传感器的高精度时间以及空间同步,需要对激光雷达、摄像头、毫米波雷达等传感器的特性,以及机器人技术有着较为深刻的理解;后者则涌现出了多种传感器融合方案,主要分为前融合与后融合两大方案。

其中,后融合算法在数据原始层进行处理,可得到点云、视觉、毫米波信息的处理结果,并将目标识别结果进行汇总,从而不会丧失数据的完整性;前融合算法先将各种传感器算法进行空间与时间同步,通过算法过滤掉一些目标,从而达到端到端的目标识别效果,但是由于激光雷达产生的是 3D 点云数据,与摄像头收到的图像数据帧率完全不同且难以在数据空间内进行匹配,且不同品牌的激光雷达产生的点云特性也不尽相同,导致无人驾驶中传感器前融合算法鲁棒性较弱。因此,为在极端复杂的场景下实现完美的感知,研究传感器后融合算法的难点,如激光点云信息处理、行人等较小目标的识别优化、目标姿态判断与视觉错觉误判等,具有重要的研究价值与应用意义。

目前,多传感器融合的目标识别方案,多将传统视觉处理与激光点云 2D 处理方案融合在一个网络中,如 VeloFCN、Vote3D 等,其中 MV3D(Multi-View 3D Object Detection Network)开创性地将激光雷达点云数据与 RGB 图像信息进行了融合。MV3D 作为感知融合框架,使用激光点云数据 2D 处理方案,用激光点云的前视图、鸟瞰图表示三维点云信息并与 RGB 图像融合,预测定向 3D 边界框,其网络由 3D 提案网络与基于区域的融合网络两个子网组成,如图 2-15 所示。

多传感器融合按照融合的介质不同可分为:决策层的融合、特征层的融合、数据层的融合。

决策层的融合属于高层次信息的融合,在目标检测领域,各传感器将目标的检测结果传入处理单元,由处理单元根据各传感器的决策结果对目标的类别进行总的判定。这种融合方式丢弃了大量原始数据,因此精度为三种融合方式中最低的,但其数据量小、处理速度快、对单一传感器的依赖小、抗干扰性能强。

特征层的融合通过来自各传感器的目标特征对目标进行决策,属于中间级的融合。常用的特征包括速度、形状、边缘等。该融合的优点是对原始数据进行了压缩,有利于提高运行速度。根据融合特征的性质不同,特征层的融合分为目标状态信息融合和特征信息融合两类。目标状态信息融合多用于目标跟踪,如卡尔曼系列滤波、联合概率数据关联等。特征信息融合是模式识别问题的一种,参量模板法、特征压缩等都是常用的特征信息融合方法。目前,特征层的融合方式已在众多量产车中使用。特斯拉的 Autopilot 系统将毫米波雷达与摄像头融合,从而实现 L2 级别的自动驾驶;荣威、蔚来等车企也通过与 mobileye、博世等摄像头芯片、毫米波雷达供应商合作,将目标层的传感器融合用于高级驾驶辅助系统(Advanced Driving Assistant System,ADAS)。但该方法仅适用于高速公路等简单场景,对行人与非机动车目标检测准确率较低。

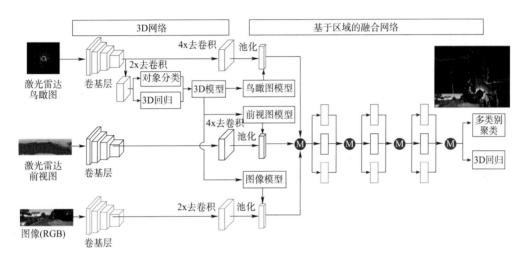

图 2-15 MV3D 感知融合框架

数据层的融合直接将来自传感器的原始数据进行融合,再从融合的结果中提取特征对目标进行决策。该层级融合的优点是:由于只有较小的数据损失,因此结果更加精确;但计算量较大,同时对于不同传感器的异构数据还需要校准等操作。现有的车用数据层融合主要为毫米波雷达与视觉的特征融合,使用雷达提取包含障碍物的感兴趣区域,再使用视觉图像对相应区域的目标进行检测或分类。有研究者使用毫米波雷达获得感兴趣区域后,使用 Harr-like 特征和 Adaboost 分类器识别车辆,但该算法仅针对车辆目标,且不适用于遮挡目标与小目标;使用激光雷达进行感兴趣区域提取,用混合高斯模型滤除图像背景,通过形态学滤波算法和矩形包围框找出障碍物,最后通过梯度方向直方图(HOG)算子和支持向量机对行人进行检测,但该方法仅针对行人目标,且无法检测重叠目标。

二、传感器标定技术

行进行多传感器融合的首要步骤是进行传感器的联合标定,从而使得来自不同传感器的数据可以在时间和空间上准确匹配。传感器标定主要包含视觉与雷达的空间同步、时间同步等。

(一)空间同步

激光雷达采集的数据为三维空间中的点云,摄像头采集的数据为二维空间中的像素,为了实现两者所采集信息的融合,即实现激光雷达三维坐标系下的信息和二维图像坐标系下采集信息的互相转换,需要对两个传感器进行空间同步。

1. 坐标系选取

摄像头与激光雷达的联合标定共涉及 5 个坐标系:世界坐标系、激光雷达坐标系、摄像头坐标系、图像坐标系、像素坐标系,下面分别对这 5 个坐标系进行介绍。

1)世界坐标系

该坐标系由使用者自行定义,描述了摄像头、激光雷达在空间中的位置,也描述了目标障碍物在空间中的位置,世界坐标系以 $O-XYZ$ 表示。

2)激光雷达坐标系

该坐标系以 $O_L-X_LY_LZ_L$ 表示,以激光雷达中心为原点,车辆纵向行进方向为 x 轴正方向,水平向左为 y 轴正方向,垂直于地面向上为 z 轴正方向。

3)摄像头坐标系

该坐标系以 $O_C-X_CY_CZ_C$ 表示,以摄像头的光心为原点,水平向右为 x 轴正方向,垂直于地面向下为 y 轴正方向,车辆纵向行进方向为 z 轴正方向。

4)图像坐标系

图像坐标系 $O_I-X_IY_I$ 以图像几何中心为原点,水平向右为 x 轴正方向,垂直于地面向下为 y 轴正方向。

5)像素坐标系

像素坐标系 $O_P-u_Pv_P$ 以图像的左上角为原点,水平向右为 u 轴正方向,垂直于地面向下为 v 轴正方向。

图 2-16 所示为图像坐标系、像素坐标系示意图。

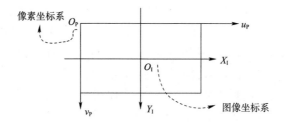

图 2-16　图像坐标系、像素坐标系示意图

2. 摄像头内参标定

在建立上述坐标系的基础上,需要寻找上述摄像头相关坐标系之间的转换关系,从而获得摄像头内参矩阵。

1)世界坐标系 $O-XYZ$ 和摄像头坐标系 $O_C-X_CY_CZ_C$ 之间的关系

世界坐标系和摄像头坐标系均为空间三维直角坐标系,因此两者之间的转换关系可以式(2-28)表示:

$$\begin{bmatrix} X_C \\ Y_C \\ Z_C \end{bmatrix} = R \begin{bmatrix} X \\ Y \\ Z \end{bmatrix} + t \quad (2\text{-}28)$$

式中：R —— 3×3 的旋转矩阵；
t —— 3×1 平移向量。

将其转化为齐次坐标，可以得到：

$$\begin{bmatrix} X_C \\ Y_C \\ Z_C \\ 1 \end{bmatrix} = \begin{pmatrix} R & t \\ 0 & 1 \end{pmatrix} \begin{bmatrix} X \\ Y \\ Z \\ 1 \end{bmatrix} \tag{2-29}$$

式中矩阵 $\begin{pmatrix} R & t \\ 0 & 1 \end{pmatrix}$ 称为摄像头的外参矩阵，两坐标系之间的关系如图 2-17 所示，图中 Q 表示空间中的某一个固定点。

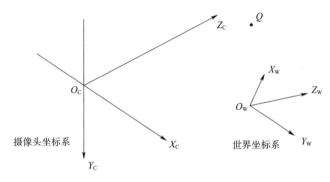

图 2-17　世界坐标系、摄像头坐标系关系图

2）摄像头坐标系 $O_C - X_C Y_C Z_C$ 和图像坐标系 $O_I - X_I Y_I$ 之间的关系

摄像头坐标系 $O_C - X_C Y_C Z_C$ 为空间三维坐标系，图像坐标系 $O_I - X_I Y_I$ 为二维坐标系。两者之间的转化为透视投影关系，求解它们之间的转换矩阵一般使用小孔成像原理。假设点 $P(X_C, Y_C, Z_C)$ 为摄像头坐标系的某一点，$P(X_I, Y_I)$ 为它在图像上投影得到的点，根据相似三角形原理，得到两者之间的关系为：

$$\frac{X_I}{f} = \frac{X_C}{Z_C}$$

$$\frac{Y_I}{f} = \frac{Y_C}{Z_C} \tag{2-30}$$

式中：f —— 摄像头焦距。

由此得：

$$Z_C \begin{bmatrix} X_I \\ Y_I \\ 1 \end{bmatrix} = \begin{pmatrix} f & 0 & 0 & 0 \\ 0 & f & 0 & 0 \\ 0 & 0 & 1 & 0 \end{pmatrix} \begin{bmatrix} X_C \\ Y_C \\ Z_C \\ 1 \end{bmatrix} \tag{2-31}$$

3）图像坐标系 $O_I - X_I Y_I$ 和像素坐标系 $O_p - u_p v_p$ 之间的关系

在理想状态下，图像坐标系的 x 轴、y 轴与像素坐标系的 u 轴、v 轴应互相平行。但在实际情况中，由于安装误差等的存在，两者坐标轴之间不平行，所以需要对内参矩阵进行标定。

在图像坐标系中，用 dx、dy 分别表示单个像素在 x、y 坐标轴上的大小。(u_I, v_I) 表示图像坐标系的原点在像素坐标系中的坐标，有：

$$\begin{cases} u = \dfrac{X_I}{dx} + u_I \\ v = \dfrac{Y_I}{dy} + v_I \end{cases}$$

即：

$$\begin{bmatrix} u \\ v \\ 1 \end{bmatrix} = \begin{pmatrix} \dfrac{1}{dx} & 0 & u_I \\ 0 & \dfrac{1}{dy} & v_I \\ 0 & 0 & 1 \end{pmatrix} \begin{bmatrix} X_I \\ Y_I \\ 1 \end{bmatrix} \tag{2-32}$$

4) 世界坐标系 $O-XYZ$ 和像素坐标系 $O_p-u_p v_p$ 之间的关系

将式(2-32)进行整合，可得到摄像头坐标系到像素坐标系的转换公式：

$$Z_C \begin{bmatrix} u \\ v \\ 1 \end{bmatrix} = \begin{pmatrix} \dfrac{f}{dx} & 0 & u_I & 0 \\ 0 & \dfrac{f}{dy} & v_I & 0 \\ 0 & 0 & 1 & 0 \end{pmatrix} \begin{bmatrix} X_C \\ Y_C \\ Z_C \\ 1 \end{bmatrix} \tag{2-33}$$

其中，矩阵 $A_C = \begin{pmatrix} \dfrac{f}{dx} & 0 & u_I \\ 0 & \dfrac{f}{dy} & v_I \\ 0 & 0 & 1 \end{pmatrix}$ 称为摄像头内参矩阵。

世界坐标系与像素坐标系之间的转换公式为：

$$Z_C \begin{bmatrix} u \\ v \\ 1 \end{bmatrix} = \begin{pmatrix} \dfrac{f}{dx} & 0 & u_I & 0 \\ 0 & \dfrac{f}{dy} & v_I & 0 \\ 0 & 0 & 1 & 0 \end{pmatrix} \begin{bmatrix} R & t \end{bmatrix} \begin{bmatrix} X \\ Y \\ Z \\ 1 \end{bmatrix} \tag{2-34}$$

3. 激光雷达与摄像头联合标定

激光雷达与摄像头联合标定的原理为：在世界坐标系中，使用激光雷达扫描目标后获得的目标位置信息在其中具有唯一的坐标，使用摄像头获得的目标位置信息在其中也有唯一一个对应坐标。这就意味着对于同一目标点，在摄像头和激光雷达坐标系中，都只有一个数据点与之对应。因此，可以通过提取标定物在激光雷达坐标系和摄像头坐标系中的对应点，来进行激光雷达和摄像头之间外部参数的标定，同时通过已获得的摄像头内参的转换，就可以获得点云坐标在像素坐标系下唯一的对应点。

以 (u,v) 表示目标点在像素坐标系中的位置，齐次坐标为 $(u,v,1)$，该点在激光雷达坐标系下的三维坐标为 (X_L, Y_L, Z_L)，齐次坐标为 $(X_L, Y_L, Z_L, 1)$，如式(2-35)所示：

$$\begin{bmatrix} u \\ v \\ 1 \end{bmatrix} = A_C \begin{bmatrix} R & t \\ 0 & 1 \end{bmatrix} \begin{bmatrix} X_L \\ Y_L \\ Z_L \\ 1 \end{bmatrix} \tag{2-35}$$

式中：A_C——摄像头内参矩阵；

R——激光雷达坐标系与摄像头之间 3×3 的旋转矩阵；

t——激光雷达坐标系与摄像头之间 3×1 的平移向量。

(二) 时间同步

激光雷达与摄像头具有不同的工作频率，激光雷达为10Hz，摄像头为30Hz。两者采样频率的差异导致工控机所处理的点云与图像并非在同一时刻采集，将出现信息不对应的情况。尤其当车辆高速行驶时，会严重影响障碍物的检测结果，因此需要对两者进行时间同步，保证融合结果的准确性。

由于激光雷达采样频率小于摄像头，因此可以激光雷达传感器为基准，并假设系统接收到传感器数据时刻的时间戳为传感器采集信号时刻的时间戳，当系统接收到激光雷达采集的信息时，将该信息的时间戳之前最新一帧摄像头数据与其匹配，从而完成时间同步。

三、结构化/非结构化道路检测算法

在基于视觉的驾驶辅助系统中，车道线检测是很重要的一环，车道线检测可应用于车道选择、规避碰撞以及车道偏离报警等系统中。目前自动驾驶技术蓬勃发展，对车道线检测的要求也越来越高，要求其具有更高的准确度和更高的实时性。车道状况复杂多变，车道线形态多样，由于障碍物、阴影、雾气、光照亮度变化等引起的视觉干扰等，都会对车道线的检测带来影响。基于视觉的处理方法对于外部环境的稳定性要求较高，也就是说同一套系统面对不同环境下的处理结果可能出现较大的差别。而在实际情况下，道路状况呈现出千差万别的状态，所以一套车道线检测系统仅仅能鲁棒地检测出某一路况下的车道线，在其他道路环境下可能并不适用。尽管面临不小的挑战，但车道线检测可以帮助人类进行安全驾驶，其作用是不言而喻的。

目前车道线检测主要集中在结构化道路的研究上，结构化道路一般指高速公路、城市主干道等结构化较好的道路，这类道路一般有较清晰的道路标线，车道线具有较明显的几何特征。非结构化道路指城市非主干道、农村道路等结构化较差的道路，这类道路往往不具有车道标线，甚至没有清晰的道路边界。

(一) 结构化道路检测

由于结构化道路具有规范的标记线以及道路边界，对于这些道路的处理，往往做出一些假设并将其作为先验知识，这样能够起到简化问题的作用。一般对于结构化道路作出以下三种假设。

(1) 道路形状假设：虽然现实世界道路状况差异较大，但是车道标线的形状相对来说比较单一。目前常用的道路模型有直线模型、抛物线模型、双曲线模型和样条曲线模型等。在实际应用中,直线模型应用较多。为改进精度,研究人员也发展其他曲线模型,如慕尼黑国防大学开发的 TaMP 系统和 Daimler Chrysler 的 UTA 系统均采用了回旋曲线。利用有限的曲线模型来匹配车道线的做法称为基于模型的方法,这种方法有利于简化系统的复杂性,但需要车道线状况符合所假设的模型。

(2) 道路特征一致性假设:该假设是基于特征的车道线检测方法的前提和基础。该假设认为,路面的一些特征,如颜色、纹理、边缘等具有一致性。有了这些假设,研究人员往往采用聚类分析的方法对车道线或路面的特征进行提取及识别,得到想要的处理结果。

(3) 感兴趣区域假设:在车道检测过程中,需要关注的部分只是图像中的道路路面区域,其他非路面区域,如天空、两旁的树木、建筑物等均属于干扰项。所以排除非路面区域,将算力集中于感兴趣区域即路面区域,是提高系统实时性和鲁棒性的一个有效方法。在摄像机采集过程中,由于道路和车道线在时间上和空间上具有连续性,所以感兴趣区域也同样具有连续性。在一些研究中,研究者会根据实际情况预先设定感兴趣区域,以便在固定区域对图像进行分析。然而在某些条件发生变化之后,例如采集图像的摄像机角度、高度等发生变化,汽车行驶的道路状况发生变化之后,感兴趣区域并不能及时调整,会导致系统的鲁棒性变差。

在以上假设的基础上,再对图像进行预处理、可行驶区域检测、特征提取与拟合等。

1. 图像预处理

经过摄像头采集的道路图像,其不可避免地受到设备或环境的干扰,例如光照和阴影等造成图像过亮或过暗,在图像采集的过程中也会带入干扰噪声,这些都会影响道路图像的质量。为改善摄像机采集到的图像质量,并突出道路及车道线的特征,需要对图像进行预处理。这里介绍车道线检测预处理常用的一些算法:滤波平滑算法和边缘检测算法。

1) 滤波平滑算法

① 均值滤波。均值滤波器是一种平滑线性空间滤波器,均值滤波将图像中每一个像素点位置邻域的平均值替代该像素点的值。均值滤波器有两种模板。假设有一 3×3 的模板,其模板所有的系数都相等,这种滤波器称为空间均值滤波器。第二种模板,其中心位置像素的权重要比其他像素的权重大。假设有一副 $M \times N$ 的图像,和一个 $m \times n$ 的加权平均模板卷积后,可得:

$$g(x,y) = \frac{\sum_{s=-a}^{a}\sum_{t=-b}^{b} w(s,t)f(x+s,y+t)}{\sum_{s=-a}^{a}\sum_{t=-b}^{b} w(s,t)} \tag{2-36}$$

式中:w——掩膜系数;

f——图像矩阵。

均值滤波的优点在于效率高、思路简单。同样,其缺点也很明显,计算均值会将图像中的边缘信息以及特征信息"模糊"掉,会丢失很多特征。

② 中值滤波。中值滤波属于非线性滤波,是一种统计排序滤波器,它将像素邻域内灰度的中值,代替该像素的值。中值滤波器对处理包含有椒盐噪声的图像具有不错的效果。比起同样大小的线性平滑滤波器,中值滤波对图像的模糊程度要低。

中值滤波的步骤是:对于图像的某一像素点,首先以其为中心确定一个邻域,邻域可以是方形,也可以为其他形状,如圆形、十字形等。在所确定的邻域内,按照各像素灰度值的大小进行排序,将排列得到的中值作为该像素点的新值。假设排序顺序为 $x_1 \leq x_2 \leq \cdots \leq x_n$,若 n 为奇数,则替换中心像素点的新值为 $Y = x_{n/2}$。若 n 为偶数,则 $Y = (x_{n/2} + x_{n/2+1})/2$。

2) 边缘检测算法

由于车道线和路面其他部分在图像上存在灰度的不连续性,通过边缘检测,可以识别出构成车道线的像素点的集合。常用的边缘检测算子有 Sobel、Roberts、Canny、Laplacian 等。

① Sobel 算子。Sobel 算子是一种将方向差分运算与局部平均相结合的一种算子。差分表达式 S_x 和 S_y 分别如下:

$$S_x = \{f(x+1, y-1) + 2f(x+1, y) + f(x+1, y+1)\} - \\ \{f(x-1, y-1) + 2f(x-1, y) + f(x-1, y+1)\} \quad (2-37)$$

$$S_y = \{f(x-1, y+1) + 2f(x, y+1) + f(x+1, y+1)\} - \\ \{f(x-1, y-1) + 2f(x, y-1) + f(x+1, y-1)\} \quad (2-38)$$

像素 $P(x, y)$ 点的梯度 $g(x, y)$ 为:

$$g(x, y) = |S_x| + |S_y| \quad (2-39)$$

当该点的梯度值大于预先设定的阈值 T 时,则判定改点为图像边缘像素。

Sobel 算子模板如下:

$$G_x = \begin{bmatrix} -1 & 0 & 1 \\ -2 & 0 & 2 \\ -1 & 0 & 1 \end{bmatrix} \quad G_y = \begin{bmatrix} -1 & -2 & -1 \\ 0 & 0 & 0 \\ 1 & 2 & 1 \end{bmatrix} \quad (2-40)$$

② Roberts 算子。Roberts 算子通过局部差分的方式,对图像进行边缘寻找。Roberts 算子的原理是通过计算对角线上相邻的两个像素之差,用来近似梯度幅度,以达到边缘检测的目的。Roberts 边缘检测的表达式表示为:

$$g(x, y) = \{[f(x, y) - f(x+1, y+1)]^2 + [f(x+1, y) - f(x, y+1)]^2\}^{1/2} \quad (2-41)$$

其中 $g(x, y)$ 为输出图像,$f(x, y)$ 为原始图像。在实际应用中,常用绝对值来近似:

$$g(x, y) = |f(x, y) - f(x+1, y+1)| + |f(x+1, y) - f(x, y+1)| \quad (2-42)$$

由上式,Roberts 算子的模板为:

$$G_1 = \begin{bmatrix} 1 & 0 \\ 0 & -1 \end{bmatrix} \quad G_2 = \begin{bmatrix} 0 & 1 \\ -1 & 0 \end{bmatrix} \quad (2-43)$$

③ Canny 算子。Canny 算子通过寻找图像信号的极大值进行边缘检测。Canny 算子实现边缘检测的步骤如下。

由于 Canny 算子利用二阶导数的性质来寻求边缘点,但导数具有对噪声敏感的特点,因此通常先对图像进行滤波的预处理操作。一般来说,对于 Canny 边缘检测,应预先对图像进行高斯平滑卷积降噪。

利用一阶有限差分来近似图像的灰度值梯度,得到图像在水平和垂直方向上偏导数的两个矩阵。使用的 Sobel 算子模板为:

$$G_x = \begin{bmatrix} -1 & 0 & 1 \\ -2 & 0 & 2 \\ -1 & 0 & 1 \end{bmatrix} \quad G_y = \begin{bmatrix} -1 & -2 & -1 \\ 0 & 0 & 0 \\ 1 & 2 & 1 \end{bmatrix}$$

分别为水平和垂直方向上的掩码模板,依据模板矩阵可计算图像的边缘强度矩阵和方向矩阵:

$$G = \sqrt{(G_x^2 + G_y^2)}, \quad \theta = \arctan\left(\frac{G_y}{G_x}\right) \tag{2-44}$$

非极大值抑制:非极大值抑制是一种边缘稀疏技术,对图像进行梯度处理后,得到的边缘依然比较模糊,为使图像边缘有清晰的响应,使用非极大值抑制对图像的每个像素进行处理。

滞后阈值处理:经过上一步得到的边缘强度图,要进行阈值化处理。一般采用的方法是滞后阈值处理,该算法设置两个阈值,分别称为高阈值和低阈值。保留边缘强度大于高阈值的点,同时丢弃边缘强度小于低阈值的点。对于值介于两者之间的点,如果该点与边缘点相连,则被认定为边缘点。

④Laplacian 算子。Laplacian 算子具有旋转不变性的特征,是一种各向同性二阶微分算子。若图像上某像素点为边缘点,则该点的二阶微分值为零。假设有图像 $f(x,y)$,对其进行二阶求导:

$$\nabla^2 f(x,y) = \frac{\partial^2 f}{\partial^2 x^2} + \frac{\partial^2 f}{\partial y^2} \tag{2-45}$$

根据图像的二维离散特征,图像的 Laplace 可表示为:

$$\nabla^2 f(x,y) = f(x+1,y) + f(x-1,y) + f(x,y-1) + f(x,y-1) - 4f(x,y) \tag{2-46}$$

从而可得模板:

$$G = \begin{bmatrix} 0 & 1 & 0 \\ 1 & -4 & 1 \\ 0 & 1 & 0 \end{bmatrix} \tag{2-47}$$

可以说,图像与 Laplace 卷积核进行卷积是计算任意像素点的 4 倍值与其在上下左右四个相邻像素点之间的差值。与其他算子不同的是,Laplace 在对图像进行处理之前,不对其进行平滑处理。这样可能会误将噪声识别为边缘。但由于 Laplace 算子只有一个卷积核,所以计算成本相对来说要低一些。

2. 可行驶区域检测

在相关的城市道路或乡村道路检测研究中,一个关键性的步骤是对道路消失点进行检测。道路消失点能够为道路区域的估计提供一个有力的线索。

目前,道路消失点的检测方法分为两种:一种是基于道路边缘或边界线特征的检测方法,另一种是基于纹理的检测方法。在基于道路边缘的检测方法中,通过特征提取的方法找到两条或两条以上的主要线段,它可以是道路的边界线,也可以是明显的车道标识线,这些直线的交点即是道路消失点。在基于纹理的消失点检测方法中,要对图像中像素点的纹理方向进行估计,并以此用来对可能的消失点进行投票。相比前者,基于纹理的检测方法不仅可以用于结构化道路的消失点估计,也可以有效地用于非结构化道路的消失点估计。而由于对图像中大部分像素点进行纹理方向估计,所以在时间复杂度方面要高于前者。

下面将主要介绍基于纹理对道路消失点进行检测的方法。

图像纹理的属性可以由方向、频率及尺度进行表征。因此,对纹理进行分析应当具有方向性、时域和频域的局部性、多尺度特性。Gabor 滤波器可以满足以上所提要求,对图像进行 Gabor 滤波可以聚类具有相似特性的纹理单元信息。在生理上,二维 Gabor 函数对图像的处理与人眼细胞对纹理信息的刺激很相似。图 2-18 所示为二维 Gabor 函数与人眼对图像的刺激对比及残差。可以看出,两者的残差很小。所以在许多涉及纹理提取的计算机视觉研究中,对 Gabor 滤波器的应用十分广泛。

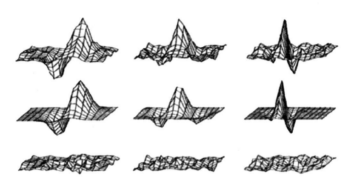

图 2-18 二维 Gabor 函数与人眼对图像的刺激对比及残差

①Gabor 滤波器。提出于 19 世纪初的傅里叶变换,已成为信号处理领域有力的分析工具。设有一能量有限信号时域 $f(t)$,其傅里叶变换为:

$$F(\omega) = \int_{-\infty}^{\infty} f(t) \, e^{-j\omega t} dt \tag{2-48}$$

傅里叶变换将信号分析从时域上转换到频域上进行,在数字图像处理领域,利用傅里叶变换,可实现图像信号从空域到频域的转化,增加了图像处理的分析角度。从直观上看,转化为频域的图像反映了图像灰度变化的剧烈程度。然而傅里叶变换无法反映信号的局部频率信息。Gabor 变换可以解决傅里叶变换的这一局限,做法是在傅里叶变换中引入窗函数,得到窗口傅里叶变换,又称短时傅里叶变换。即,将信号在时域上进行切分,并对每个时间间隔信号进行傅里叶分析。对信号进行时域切分可以使用滑动窗的办法。

设有一能量有限信号 $f(t), f(t) \in L^2(R)$。Gabor 变换定义为:

$$G(a,b,\omega) = \int_{-\infty}^{\infty} f(t) \, g_a(t-b) \, e^{-j\omega t} dt \tag{2-49}$$

其中,$g_a(t)$ 是窗函数,也是高斯函数。

$$g_a(t) = \frac{1}{2\sqrt{\pi a}} \exp\left(-\frac{t^2}{4a}\right) \tag{2-50}$$

其中,$a > 0, b > 0$。

②二维 Gabor 滤波器。Daugman 于 1985 年提出"二维皮层视觉滤波器",将 Gabor 变换扩展到二维。二维 Gabor 函数的一般定义形式为:

$$h(x,y,\theta_k,\lambda,\sigma_x,\sigma_y) = \frac{1}{2\pi\,\sigma_x\sigma_y} \exp\left\{-\pi\left[\left(\frac{x_{\theta_k}}{\sigma_x}\right)^2 + \left(\frac{y_{\theta_k}}{\sigma_y}\right)^2\right]\right\} \exp\left(\frac{2\pi i\, x_{\theta_k}}{\lambda}\right) \tag{2-51}$$

式中:λ——正弦波的波长;
θ_k——方向。

$$\theta_k = \frac{\pi}{n}(k-1), (k=1,2,\cdots,n) \qquad (2\text{-}52)$$

式中:n——滤波器方向的个数;
σ_x, σ_y——分别为 x 轴和 y 轴上的标准差。

$$\begin{cases} x_{\theta_k} = x\cos\theta_k + y\sin\theta_k \\ y_{\theta_k} = y\cos\theta_k - x\sin\theta_k \end{cases} \qquad (2\text{-}53)$$

可以得到多方向的滤波器。$\lambda, \sigma_x, \sigma_y$ 决定了滤波器的多尺寸特性。其中,包含有实部(h_e)和虚部(h_o),分别为:

$$\begin{cases} h_e(x,y,\theta_k,\lambda) = G(x,y)\cos\left(\frac{2\pi x_{\theta_k}}{\lambda}\right) \\ h_o(x,y,\theta_k,\lambda) = G(x,y)\sin\left(\frac{2\pi x_{\theta_k}}{\lambda}\right) \end{cases} \qquad (2\text{-}54)$$

其中,$G(x,y)$ 为下式:

$$G(x,y) = \frac{1}{2\pi\sigma_x\sigma_y}\exp\left\{-\pi\left[\left(\frac{x_{\theta_k}}{\sigma_x}\right)^2 + \left(\frac{y_{\theta_k}}{\sigma_y}\right)^2\right]\right\}$$

3. 特征提取与拟合

常用的车道线特征为颜色、边缘、车道宽度等。对于模型拟合,常用的模型为直线模型、双曲线模型、抛物线模型、B 样条曲线模型等。

1) 车道线特征提取

摄像机采集到的道路图像受到成像模型的影响,在图像上呈现出近大远小的效果,这种效应称为透视效应。在基于视觉的车道线检测研究中,逆透视变换被广泛地应用。将透视图像变成俯视图,可以消除车道线的透视效应,并将注意力完全集中到图像的道路区域本身,消除周围环境其他无关信息的干扰,有利于车道线的搜索与检测。

摄像机成像的过程可以看成是三维空间中的一点 $\widetilde{M} = [X_W, Y_W, Z_W, 1]^T$ 向像素平面一点 $\widetilde{m} = [u, v, 1]^T$ 映射的过程,可由式(2-55)表示:

$$s\widetilde{m} = A[R \quad T]\widetilde{M} \qquad (2\text{-}55)$$

式中:s——比例尺度因子;
A——相机的内参矩阵;
R——坐标系的旋转矩阵;
T——坐标系的平移矩阵。

内参矩阵 $A = [f_u, 0, c_u; 0, f_v, c_v; 0, 0, 1]$,$(f_u, f_v)$ 为相机的等效焦距,(u_0, v_0) 为相机在图像上的光轴中心,内参矩阵可由根据张正友标定原理编写的 matlab 相机标定工具 Camera Calibrator 得到。外参矩阵 $[R \quad T]$ 和世界坐标系及相机坐标系的构建方式有关。

在道路场景下可以建立如图 2-19 所示坐标系转换关系:世界坐标系以 Y_W 轴为车辆的前进方向,X_W 轴与水平面平行,Z_W 轴则垂直于水平面。

相机坐标系的原点和世界坐标系的原点重合,相机离地高度为 h。其中 α 为相机光轴与前进方向在垂直方向上的夹角,也称为俯仰角;β 为相机光轴与前进方向在水平方向的夹角,称为偏航角;滚动角一般情况下为零。根据世界坐标系与相机坐标系的旋转关系,我们可以得到旋转矩阵 R 为:

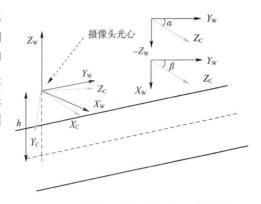

$$R = \begin{bmatrix} c2 & -s2 & 0 \\ -s1s2 & -s2c2 & -c1 \\ c1s2 & c1c2 & -s1 \end{bmatrix} \quad (2\text{-}56)$$

图 2-19 道路场景下构建世界坐标系和摄像机坐标系示意图

其中,$c1 = \cos\alpha$,$c2 = \cos\beta$,$s1 = \sin\alpha$,$s2 = \sin\beta$。
可得:

$$\begin{bmatrix} u \\ v \\ 1 \end{bmatrix} = \frac{1}{Z_C} \begin{bmatrix} f_u & 0 & u_0 \\ 0 & f_v & v_0 \\ 0 & 0 & 1 \end{bmatrix} R \begin{bmatrix} X_W \\ Y_W \\ Z_W \end{bmatrix} \quad (2\text{-}57)$$

从透视原理上看,现实世界一组平行的直线将会在无穷远处相交,该点映射到平面坐标系上即是消失点。所以当 Y_W 趋于无穷时,可得像素坐标系上的消失点坐标 (u_{vp}, v_{vp}) 为:

$$\begin{cases} u_{vp} = u_0 - \dfrac{s_2 f_u}{c_1 c_2} \\ v_{vp} = v_0 - \dfrac{s_1 f_v}{c_1} \end{cases} \quad (2\text{-}58)$$

2)车道线模型拟合

①直线模型。直线模型是一种较常用的车道线模型,尤其是在近视场下具有很好的拟合效果。常用的直线提取方法是 Hough 变换,其基本思想是利用"点—线对偶性",即在图像空间中的某一点,可以描述为参数空间中的一条曲线。如图 2-20 所示,在图像空间中,任意一点均可以映射为参数空间 (θ, ρ) 中的一条正弦曲线。并且在同一条直线上的点,所映射的曲线均经过参数空间上的同一点。这样,通过对参数空间中累计分布最大值点的寻找,即可确定该直线的参数描述。

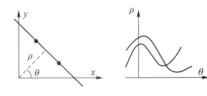

图 2-20 图像空间的点与参数空间的曲线之间的映射

②双曲线模型。在结构化道路中,左右车道的曲率一般是相同的,根据这一特点,研究人员发展出双曲线模型。双曲线模型适合于弯曲车道线的拟合。常用的模型公式如式(2-59):

$$y = A\frac{\tan(a)}{x-h} + kx + b \quad (2\text{-}59)$$

式中:A——常系数,控制曲线曲率的变化幅度;
　　　a——双曲线曲率;
　　　h——消失点高度;

k——车道直线部分的斜率;

b——车道直线部分的截距。

曲线拟合算法通过在曲率定义域中对曲率逐一计算匹配率,将匹配率最高的曲率作为当前车道线的检测曲率。

③样条模型。常用的样条模型有 Catmull Rom 样条、B 样条等。样条模型的一个优点是样条线段之间曲线变化平滑,可以描述更大几何范围内的车道线。且在部分车道线被遮盖或磨损的情况下,具有很好的鲁棒性。然而其缺点是样条方程较为复杂,涉及高次方程的求解。

④RANSAC 方法线性拟合。在线性拟合方法中,最小二乘法是最常用的一种拟合算法。最小二乘法也叫最小平方法,经常用于处理曲线拟合的问题。最小二乘法的思想是:给定一组样本点,根据误差平方和最小化原则,寻找这组样本点的最佳函数匹配。从几何意义上说,最小二乘法就是寻找一条与给定样本数据点之间距离平方和最小的曲线,该曲线称为拟合曲线。最小二乘法在车道检测研究领域被广泛应用。

然而,最小二乘法的运算方式使得所有的观测点都被考虑到,当然也包括了噪声点,因此最小二乘法对噪声比较敏感。RANSAC 算法避免了这一缺点。

RANSAC 算法即随机抽样一致算法,至今已成为计算机视觉领域使用最广泛且鲁棒性极好的一种模型参数估计方法。在给定样本数据集的错误数据超过 50% 的情况下,RANSAC 算法依旧表现出极好的鲁棒性。

RANSAC 算法有两个特点:随机性和假设性。随机性是指算法每次选取的子集都是随机的,假设性是指每次随机抽取出来的数据都认为是正确的数据。一般来说,在一组给定数据集中,假设存在可以匹配观测数据的模型,则可在数据集中随机抽取一组子集,所选取的子集数据被假设为"内点",并以此子集为基础估计其参数化模型 M,可以预先设定一个误差阈值为 t。以初始估计得到的参数化模型 M 测试总样本的其他数据,若某一个数据点符合模型 M,则把该数据点归为"内点",并用它们反演模型参数 M^*。重复 K 次,当有足够数量的样本点被归类为局内点,则得到最优的参数化模型 M。假设需要的局内点数量为 n,置信概率为 P,θ 为 n 个点适应于该模型的概率,则 K 和 n 满足式(2-60):

$$1-(1-\theta^n)^K = Py = A\frac{\tan(a)}{x-h} + kx + b \tag{2-60}$$

其中,$\theta = n/N$;N 为样本数据点总数。

(二)非结构化道路检测

与结构化道路不同,非结构化道路一般处于复杂场景中,而且道路类型多种多样,周围环境复杂多变,对于这一类道路目前还没有通用的检测方法。

1. 基于视觉的非结构道路检测方法

(1)基于道路特征的方法:主要依靠道路本身明显的特征对道路区域进行检测。通过分析道路的颜色、纹理、边缘等特征,区分道路区域与非道路区域,并利用区域生长或聚类的方法获得道路的可行驶区域。其优点是需要的先验知识少、对道路的形状不敏感;缺点是对路面阴影、水迹以及其他环境因素比较敏感。

(2)基于道路模型的方法:主要根据道路的先验知识,建立道路模型对道路区域进行检测。通过分析道路图像,找出合适的道路模型,从而得到有关道路形状的全部信息。其优点是对路面阴影、水迹等不敏感;缺点是对道路的形状敏感,而且单一的数据模型不能够满足道路的检测。

(3)基于神经网络的方法:主要利用神经网络的学习特性对道路进行检测。近几年,随着机器学习与深度学习的发展,以其巨大的环境感知和分析能力,带动了使用神经网络的方法检测道路区域。其优点是神经网络的方法具有自学习功能;缺点是需要大量训练样本集,道路检测结果依赖于对样本集的学习。

通过上述有关非结构化道路检测方法的介绍,可以了解到,基于道路模型的方法和基于神经网络的方法都依赖道路的先验知识,不适用于大多数的道路场景。而基于道路特征的方法,由于计算相对简单且易于实现,得到了国内外研究者的广泛关注。利用非结构化道路的基本特征检测道路的可行驶区域,主要是利用道路区域与非道路区域间在图像特征上明显的差异,这些特征主要包括纹理、边缘、颜色等,采用图像处理的方法对这些特征进行提取并分类,从而实现道路检测。

2. 基于道路特征检测非结构化道路检测方法

(1)基于颜色特征的检测方法:由于道路区域内的颜色是基本一致的,因此可以将非结构化道路检测问题简化为基于颜色的道路提取问题,再结合阈值分割或区域生长等图像分割方法确定道路的可行驶区域。有研究者提出将原始图像的 RGB 颜色空间转换为 L×a×b 颜色空间,通过 L×a×b 颜色空间进行道路边界的边缘检测。还有人提出将原始图像的 RGB 颜色空间转换为 HSV 颜色空间,通过增大道路区域与非道路区域的颜色对比度,将道路从背景中分割出来。但这类方法只适应于道路区域与非道路区域有明显颜色差异的非结构化乡村道路,对于颜色差异非常小的非结构化越野道路,如沙漠、山地、雪地等道路环境,这类方法往往得不到理想的检测效果。

(2)基于边缘特征的检测方法:在图像处理中,边缘特征表现为在周围图像像素灰度值和颜色发生急剧变化。对于有明显边缘特征的非结构化道路,可以将非结构化道路检测问题简化为道路边缘线的检测问题,利用边缘检测算法提取出道路的边缘特征,从而分割出道路的可行驶区域。在实际应用中,常用的边缘检测方法有微分算子、小波变换、Canny 算子等。而且,由于道路是垂直向前的,只需要检测道路的左右边缘。因此,若选择具有方向特性的边缘检测算子,可以减少图像处理量。这类方法的缺点是容易受到光照、阴影、水迹等影响,而且对于沙漠或积雪覆盖环境下的道路,并没有易于检测的道路边缘。

(3)基于纹理特征的检测方法:纹理是人类视觉感知的关键因素,通过图像中颜色或强度的空间排列方式提供信息。基于纹理特征的检测方法被广泛应用于许多领域中,它具有将图像划分为感兴趣区域并对这些区域进行分类的功能。道路行驶区域的连续性决定了道路区域内的纹理能够基本保持一致,即使存在微小的差异,这种一致性仍表现得非常明显。基于纹理特征的检测方法具有不受光照、阴影、水迹等影响的优点,且适用于大多数的道路环境和各种类型的道路,因此得到了国内外许多学者的关注。现有的基于纹理特征的方法,在道路消失点检测和道路可行驶区域检测两个方面均存在计算复杂度高、准确性低、鲁棒性差等问题,导致其无法应用于实际中。

四、目标检测及分类算法

(一)目标检测

目标检测作为计算机视觉中的一个重要组成部分,一直以来都是学术界研究的热点问题。目标检测通过借助深度学习技术提升模型检测精度,并通过设计轻量级的网络模型,将基于深度学习技术实现的卷积网络模型的参数量、计算量以及模型尺寸控制在合理范围之内,实现高效的目标检测算法,其必定能够在应用研究领域中发挥重大作用。例如,高级辅助驾驶系统中利用目标检测算法识别前方车辆和行人在图像中的位置和尺度,根据已知的摄像机参数和摄像机投影相关知识进行车辆和行人的测距,并根据计算目标和车辆的距离实现行人和车辆的防碰撞预警等。

目前,在高级辅助驾驶及自动驾驶的研究中,已基于视觉算法实现了道路场景中的目标检测、车道线检测以及车距预警等技术,并将这些相关技术集成在系统中提升驾驶安全性。由于自动驾驶以及辅助驾驶都直接关系着生命安全,因此如何提升系统的稳定性至关重要。在高级辅助驾驶系统(ADAS)中可以通过对行驶道路场景进行语义理解,实现对系统中各个任务模块预警的辅助决策,有助于提升辅助驾驶系统层面的稳定性。

目标检测作为计算机视觉应用研究中的热点和难点之一,主要可以分为基于手工特征和基于深度学习技术的方法。因目标检测在检测过程中容易受物体尺度变化、目标对象被遮挡、光照以及应用场景变化等多种因素的影响。基于手工特征的方法容易受到特征选择质量的影响,导致应用在实际场景中效果较差。基于深度学习的方法利用卷积神经网络提取更深层次的特征,与基于手工特征的检测方法相比,深度学习的检测方法具有精度高、结构灵活、特征自动提取等优点,受到人们广泛关注。

当前各种深度学习的检测算法在各种竞赛任务中取得了优异的性能。从近些年在图像分类竞赛 ImageNet 上使用的各种卷积神经网络(CNN)来看,CNN 从拥有少量隐藏层的 LeNet、AlexNet 到深层的 GoogLeNet 等网络,通过不断改进网络深度及宽度的方式逐渐提升分类效果。但是随着网络深度的增加,这些网络的参数量和计算成本也在显著地增加,往往需要依赖高算力的图形处理器(GPU)进行运算。虽然 CNN 有稀疏连接、权重共享的优点,使得 CNN 中的参数相比传统网络中的参数要少,但每层网络中采用几十或上百个卷积核的参数,使得对于那些计算资源匮乏且需要实时检测的硬件平台来说,这些网络并不能满足任务需求。因此,如何对 CNN 模型的参数量及计算量进行压缩,使其能够部署到低功耗、低算力的应用平台具有重要意义。

基于卷积神经网络的目标检测模型在部署应用中受算力及存储能力的制约,导致目标检测算法的研究与应用受到一定的限制。因此,轻量级目标检测模型的研究与实现变得越来越重要。近几年,卷积神经网络为了进一步提升模型的预测准确率,在设计模型的实验中多数方法是以牺牲参数量和计算量的方式实现。为了提升模型精度,多数网络通过扩充深度以及网络参数量的方式提升 CNN 性能,但是 CNN 模型深度及参数量的扩充,会导致很多网络模型很难部署到实际的硬件平台中。

1. 基于区域选择的目标检测算法

2014 年,Girshick 提出了 R-CNN 目标检测算法,该算法首次将 CNN 用于目标检测任务中。R-CNN 算法采用选择性搜索算法完成区域分割,解决了传统目标检测算法中的窗口冗余现象。与传统的检测算法相比,提高了检测精度和检测速度。并通过特征提取和特征分类完成检测过程。R-CNN 算法在输入图像中生成 2000 个候选区域(Region Proposal),这些区域被转换为固定尺度大小的图像,并将候选区域分别送到预训练好的 CNN 中提取特征,最后会在 CNN 之后利用全连接层,来实现目标分类和边框回归。

2015 年,Girshick 提出了 Fast R-CNN 目标检测算法。该方法首先还是采用选择搜索提取 2000 个候选框,使用一个 CNN 对全图进行特征提取,利用感兴趣区域池化层在全图特征上提取每一个候选区域对应的特征,并利用全连接层将提取候选区域的特征预测 21 维和 84 维的输出(两个维度是并列的,前者是分类输出,后者是回归输出)。Fast R-CNN 算法是通过 CNN 直接获取整张图像的特征图,再使用候选区域池化在特征图上获取对应每个候选框的特征,避免了 R-CNN 中对每个候选框串行进行卷积耗时较长的问题,从而提升了基于区域选择的目标检测算法的检测性能。

Faster-CNN 通过使用 RPN 网络对最后一层卷积特征进行计算。可得到算法中的候选区域,并用 Fast-CNN 提出的感兴趣区域池化层将候选区域与对应的特征区域合并为固定大小的特征矢量。Faster-RCNN 在最后使用分类器和边框回归对判断目标的类别和边框修正,形成了端对端的目标检测模型。

FPN 提出一种不同分辨率特征(多尺度)融合的方式,利用每个分辨率的特征图(Feature map)和图上采样的低分辨率特征同位元素相乘(Element-wise),使得不同层次的特征增强。由于此方式只在网络基础上做跨层连接和同位元素相乘,从而使得网络结构上增加计算量较少,同时性能改善卓越,已经成为目标检测领域的标配。

2. 基于回归的目标检测算法

YOLO(You Only Look Once)系列算法的实现,是利用 CNN 模型实现端到端(End-to-End)的目标检测,相比基于区域建议的 R-CNN 算法,YOLO 检测算法是一个统一的框架,在检测速度上更快,而且 YOLO 的训练过程也是端到端的目标检测算法。

YOLOv1 算法提出基于回归方法的目标检测网络模型。YOLOv1 的核心思想就是利用整张图像作为网络的输入,首先将输入图片的尺寸缩放到 448×448,然后输入 CNN,最后直接在网络输出层回归目标的边界框(bounding box)位置及预测目标的类别。YOLOv1 将物体检测考虑为一个回归问题,图像输入网络后,仅需一次推理即可得到图像中所有物体的类别、位置及相应的置信度。YOLOv1 将图片划分为 $S \times S$ 个小网格,每个小网格需要检测 B 个边界盒子,其中每个边界盒子除了要回归自己的自身位置 x、y、w、h 外,还要附带测一个置信度(confidence)值,置信度的具体计算方式如式(2-61)所示。使用 (x,y) 来表示预测框的中心坐标,(w,h) 表示长宽。置信度的数值表示该处是否有目标的概率,若置信度为 0 则认为该处不存在目标,若置信度不为 0,则显示该处置信度的数值。

$$Confidence = \Pr(object) \times IOU_{pred}^{truth} \qquad (2-61)$$

YOLOv1 检测算法中每个单元格需要预测 $(B \times 5 + C)$ 个值,如果将输入图片划分为 $S \times S$ 的网格,那么最终预测值为 $S \times S \times (B \times 5 + C)$ 大小的张量。YOLOv1 采用卷积网络来提取特征,然后使用全连接层得到预测值。网络结构参考 GooLeNet 模型,包含 24 个卷积层和 2 个全连接层。提取特征的主干网络中卷积层,主要使用 1×1 卷积来做通道变换,然后紧跟

3×3 卷积。该网络结构实现的 YOLOv1 虽能实现较快的目标检测,但仅限于在高性能的 GPU 中实现实时目标检测。YOLOv1 网络的计算量及参数量依然很大,模型依然难以部署到低性能的嵌入式平台中以实现快速目标检测任务。

YOLOv2 考虑到 YOLOv1 各个单元格仅仅预测两个边界框,而且属于一个类别,在检测小物体时 YOLOv1 的检测精度表现出性能较差的问题,作者在 YOLOv1 算法的基础上使用全连接层来完成最终的目标边框预测,考虑到这种方法会丢失很多空间信息,最后也导致出现了定位不准确的现象。YOLOv2 通过引入先验框的方式生成感兴趣区域,虽然该方法在 YOLOv2 中 mAP 的值有小幅下降,但召回率得到了大幅提升。YOLOv2 算法通过初始设定的先验框来获得更精确的回归边界框(Bounding Box),在每一个单元格上会为边界框预测 4 个值,分别记为 t_x, t_y, t_w, t_h,并根据目标中心在单元格中的偏移量(c_x, c_y)以及先验框的宽高,计算修正后的边界框:

$$\begin{cases} b_x = \sigma(t_x) + c_x \\ b_y = \sigma(t_y) + c_y \\ b_w = P_w e^{t_w} \\ b_h = P_h e^{t_h} \end{cases} \tag{2-62}$$

YOLOv2 的主干网络的结构与 YOLOv1 不同,作者设计了 DarkNet19 作为 YOLOv2 的主干网络。该算法主要从以下几个方面对网络进行改进:①提升了网络的输入分辨率,将 YOLOv1 的输入分辨率 224×224 提升至 448×448;②网络层中对每个卷积层融合批归一化(Batch Normalization)操作,实现对数据的归一化处理;③YOLOv2 在网络结构上利用下采样的方式融合不同尺度的特征,提升小物体的检测能力。作者通过以上三种方法极大提升了网络的检测性能。

YOLOv3 是 2018 年 Joseph Redmon 在 YOLOv2 之后提出的改进版本。YOLOv3 检测算法与前两个版本相比改进主要包括两点:使用残差网络结构实现 Darknet-53 主干网络以及采用 FPN 结构实现多尺度特征提取。YOLOv3 在特征图中的每个网格中心位置使用 3 个先验框,所以使用 K-means 得到 9 个先验框,并将其按照尺度大小划分到 3 个尺度的特征图上,尺度更大的特征图使用更小的先验框,用多尺度精细的网格单元来检测精细的物体。

从 YOLO 的三代变革中可以看到,在目标检测领域比较好的策略包含:设置先验框,采用全卷积做预测,采用残差网络,采用多尺度特征图做预测。虽然三种检测算法在精度上达到了优异的效果,但在检测速度上也仅能在具有高算力 GPU 中实现实时的效果,不过该方法也为后续部署模型提供了极大的可能。

(二)场景分类

图像分类作为计算机视觉领域的基础性任务,是目标检测和语义分割的重要支撑,其是将不同的图像划分到不同的类别,并实现最小的分类误差。图像分类问题可以根据分类任务的不同划分成单标签图像分类和多标签图像分类。

单标签图像分类是指每张图片对应一个类别标签,根据物体类别的数量,又可以将单标签图像分类划分成二分类和多类别分类。因此,如何有效地识别图中道路场景多种语义信息对高级辅助驾驶以及自动驾驶系统来说有重大意义。对于区分场景类型的不同，基于分类算法可以通过多标签图像分类方法告知我们图像中是否同时包含其他语义信息，这也能够更好地解决实际应用中的问题。高级辅助驾驶（ADAS）及自动驾驶领域通过摄像头感知行驶路面的场景信息，进行感知当前车辆所处的交通场景和环境信息，并利用感知的结果进行驾驶行为决策，提升了系统的稳定性。近些年常用的交通道路的复杂场景分类方法是基于图像分类的思想，图像分类是通过对单幅图像提取特征，再使用分类器去预测图像类别。

在交通道路的复杂场景分类研究中，其难点是如何能够通过单幅图像提取有效的道路场景信息，以及怎样能够利用特征信息训练出高效的分类模型实现场景理解。在辅助驾驶系统实现复杂场景识别研究中，考虑到道路场景的复杂性，常用的方法有以下几种。

（1）利用 GIST、HOG、SIFT、颜色特征等方法提取单幅图像的语义特征，并通过主成分分析（PCA）特征降维后使用支持向量机（SVM）进行分类。

（2）基于多特征融合的方法：由于手动设计特征提取器仅使用单一的特征进行分类时容易导致分类器性能较差，为提升效果可以使用多种特征融合的方法提升分类器性能。

（3）利用卷积神经网络提取图像的全局特征，通过参数共享、非线性映射以及数据迭代提取特征，并利用有监督的反向传播算法更新 CNN 权重信息，实现交通道路场景分类算法。

第三节　基于车路协同的 V2X 感知技术

环境感知在自动驾驶系统中起着重要作用。现有的自动驾驶系统通常利用车载相机、激光雷达、毫米波雷达等传感器感知周围环境，通过车载边缘计算实现多源异构传感器数据融合，从而实现对周围环境的识别和理解，进而实现自动驾驶。但道路交通是一个非常复杂的大型系统，交通环境瞬息万变，仅使用单车有限的传感器无法实现道路交通的全域感知，无法满足汽车实时理解动态交通环境的需求。借助路侧感知和车联网实现车路多端感知信息融合便应运而生。

路侧感知目的是使用路端数字基础设施辅助车端感知，实现车端多传感器的补盲，并将路端传感器和车端传感器多源信息进行融合，来感知更大范围的交通环境，使自动驾驶能适应极端的天气和复杂的混合交通量，从实现更安全高效的自动驾驶。

车路协同系统代表了当今世界智能交通系统的最新发展方向，是全球各个国家共同关注的热点问题。近年来，随着无线通信、电子信息和传感等技术的飞速发展，车路协同系统也迎来了其发展的黄金时代。

车路协同系统采用先进的无线通信技术、信息处理技术以及传感探测技术等，大范围、全方位地采集和共享人、车、路三者的动态实时信息并进行融合，在此基础上实现人、车、路之间的智能协同合作，提供车辆主动安全控制、道路交通协同以及行人安全辅助等功能，从而提高交通安全性和交通资源利用率，缓解交通压力，形成安全、高效和环保的道路交通系统。

车路协同系统的核心理念是实现人—车—路三种重要交通要素之间的交互和协作,是推动智能交通发展和解决现存众多交通问题的重要手段,得到了全球范围内的普遍重视,大力支持和深入研究。下面介绍几种车路协同的感知方法。

一、V2X通信+高精度定位

V2X表示车跟任何物体进行连接,属于物联网中的一个范畴。V2X是一个通信系统,专门用于车跟周围环境进行连接的通信系统。其中包含了两大通信技术:一个是专用短距离通信(Dedicated Short Range Comunications,DSRC),另一个是LTE-V2X(基于蜂窝移动通信的V2X)。

DSRC这个标准是由美国推出的,其协议是基于IEEE 1609的标准开发的。使用次系列标准(IEEE 802.11p)是为了利用Wi-Fi的生态系统,由于Wi-Fi用于固定通信设备,而后来制定的IEEE 802.11p则是支持移动通信设备,在测试中最大传输距离可达300m。

LTE-V2X(基于蜂窝移动通信的V2X),这种技术由中国的大唐电信与华为公司主导开发,LTE-V2X针对车辆应用定义了两种通信方式:集中式(LTE-V-Cell)和分布式(LTE-V-Direct)。集中式也称为蜂窝式,把基站作为控制中心,并定义了车辆与路侧通信单元以及基站设备的通信方式;分布式也称为直通式,无须使用基站作为支撑。

常见的高精度定位解决途径有三种:RTK、SBAS、"中国精度"星基增强服务。

(1)载波相位差分技术又称RTK(Real Time Kinematic)技术,通常是通过流动站和基准站间的实时信息交流,来实现高精度动态相对定位,从而及时提供测站点的三维定位,其定位精度可达到厘米级。流动站通过接收基准站和GPS观测的数据,然后将所接受的数据在系统内进行处理,进而得出精度为厘米级的定位结果,耗时非常短,不超过一秒。流动站在静止和运动两种状态中均可运行;不仅可以在静止状态时先初始化然后再进行动态作业,也能够在运动状态中直接开始运行,并且可实现在动态环境下整周模糊度的求解。在完成求解后,可以对每个历元进行实时处理,只要4颗以上卫星相位观测值以及相应的几何图形的提供,流动站就能够给出厘米级精度的实时定位。

(2)SBAS(Satellite-Based Augmentation System),即星基增强系统,利用了同步卫星技术建立的地区性广域差分增强系统。该系统能够及时向用户提供卫星钟差、星历误差、电离层延迟等多种信息,提高了原有卫星定位系统的精确度,各航天大国均进行了该系统的研发。

(3)"中国精度"星基增强服务系统由合众思壮于2015年6月面向全球发布,该系统的优势是在未设基站的情况下,用户在全球任意地点单机实现精度为厘米级的定位增强服务。"中国精度"是中国首家具有世界级领先水平的并且覆盖范围为全球的星基增强服务系统。

二、地磁感应线圈

电磁感应线圈检测器是目前国内使用最为广泛的车辆检测装置,这种检测器是基于电磁感应原理的车辆检测器,包括地磁感应线圈和检测器,线圈用于数据采集,检测器用于判断数据。它通常由在车道的道路路基下埋设的环形线圈和能够测量该线圈电感变化的电子设备组成。当车辆通过线圈或者停在该线圈上时,电磁感应会引起线圈回路电感量的变化,检测器通过检测该电感量的变化来判断通行车辆的状态。可以用来检测交通流量、占有率和近似点速度等。

三、视频车辆检测器

视频车辆检测器主要由视频摄像机、数据传输设备和视频处理器组成。通过视频摄像机作为传感器,将进入拍摄范围内背景灰度值发生变化的车辆拍摄下来,经数据传输设备传给视频处理器。视频处理器对图像进行作图分析,得到车速、交通量等参数。

四、雷达

激光雷达是一种先进的探测方式,是通过发射激光束来探测目标的位置和速度等特征量的雷达系统。其主要是用激光器作为发射光源,向探测目标发射激光束,接收到从探测目标反射回来的信号参数,传感器根据激光测距原理,获得探测目标的特征信息。它由激光发射机、光学接收机、转台和信息处理系统等组成,激光器将电脉波变成光脉冲反射出去,光接收机再把从目标反射回来的光脉冲还原成电脉冲。

毫米波雷达是以毫米波波段为工作原理,通过发射机搭建的天线将电波向某个方向发射,电波在传播过程中如果遇到物体会发生发射,天线对接收到的反射波转交给传感器,进而获得物体的状态信息。毫米波雷达能够识别细小的目标,而且能同时识别多个目标,具有成像能力、体积小、机动性和隐蔽性好的优点。

在车—路协同系统日益发展的大环境下,通过车—车、车—路感知信息交互与共享,提高驾驶员对车辆行车环境的认知程度,减轻驾驶员在驾驶过程中的驾驶决策负担,避免驾驶员进行不安全或不合法的驾驶行为,改进和完善基于车路协同的行车环境感知技术,是进一步发展和提高行车环境感知技术的主要需求。

第三章　智能网联汽车高精度地图与定位技术

高精度地图是当前无人驾驶汽车技术中不可或缺的一部分。高精度地图包含大量的驾驶辅助信息,最重要的信息是道路网的精确三维表征,例如交叉路口布局和路标位置。高精度地图还包含很多语义信息,地图可能会报告交通灯上不同颜色的含义,也可能指示道路的速度限制以及左转车道开始的位置。

高精度地图最重要的特征之一是精度。手机上的导航地图只能达到米级精度,高精度地图使车辆导航能够达到厘米级的精度,这对确保无人驾驶车辆的安全性至关重要。

高精度地图将大量的行车辅助信息存储为结构化数据,这些信息可以分为两类。第一类是道路数据,例如车道线的位置和道路类型、宽度、坡度、曲率等车道信息。第二类是车道周边的固定对象信息,例如交通标志、交通信号灯等信息,车道限高、下水道口、障碍物及其他道路细节,还包括高架物体、防护栏、数目、道路边缘类型、路边地标等基础设施信息。以上这些信息都有地理编码,导航系统可以准确定位地形、物体和道路轮廓,从而引导车辆行驶。其中最重要的是对路网精确的三维表征(厘米级精度),例如路面的几何结构、道路标示线的位置、周边道路环境的点云模型等。有了这些高精度的三维表征,自动驾驶系统可以通过比对车载的全球导航卫星系统(Global Navigation Satellite System,GNSS)、惯性导航系统、雷达或摄像头的数据精确确认自己当前的位置。另外,高精度地图中包含有丰富的语义信息,例如交通信号灯的位置和类型、道路标示线的类型,以及哪些路面是可以行驶等。

高精度定位技术通过高精度地图、多传感器融合以及蜂窝网定位等确定当前车辆的位置和姿态信息,由 GNSS 确定当前车辆的初始位置,高精度地图语义信息进行匹配,能够较大程度提升车辆定位精度,也逐渐成为当前自动驾驶车辆的主流定位方式之一。

第一节　高精度地图概述

高精度地图与现在已经普及的普通导航电子地图比较,在精度和地图要素方面有更多要求。一方面高精度地图的绝对坐标精度要求更高,绝对坐标精度指的是地图上某个目标和真实的外部世界事物之间的精度。另一方面,高精度地图所含有的道路交通信息元素要更丰富和细致。

一、高精度地图与自动驾驶

图 3-1 为高精度地图与自动驾驶技术分级的关系,在自动驾驶技术等级较低时,使用传统的导航地图即可满足需求,随着自动驾驶技术等级的提升,当运用于 L3、L4 级别的自动驾驶时,传统地图技术不再满足需求,对于整个道路需要更加准确、清晰和完整的描述。高精度地图除了包含传统地图的要素,还包含了道路之间的连接关系。此外,高精度地图在搜集道路信息时,会将道路及周围所有静态障碍物的信息一同处理,大大降低了自动驾驶车辆的算力消耗。

第三章 智能网联汽车高精度地图与定位技术

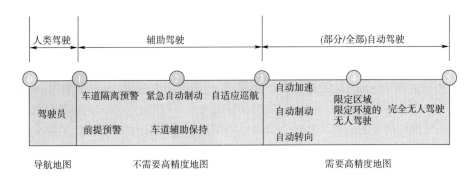

图 3-1　高精度地图与自动驾驶技术

高精度地图的特征包括车道、车道线、道路上的各项交通设施和人行横道等。它能描述所有交通要素以及人能感受到的影响交通驾驶行为的特征。此外,高精度地图对实时性要求较高,实时性也是评价高精度地图的重要指标之一。自动驾驶车辆的算法处理依赖于对周围环境的感知,如果高精度地图不能提供实时的道路信息,会使得导航算法出现偏差甚至出现严重交通事故。

二、高精度地图组织结构

以点云图为例,点云图是高精度地图的一部分,主要用于配准定位和作为高精度地图构建环节中的几何图层(能够反应路面几何结构和大量有效信息),产品形态的高精度地图通常为包含大量交通要素语义和坐标信息的矢量地图,如何定义、构造这种面向自动驾驶业务的矢量地图,目前行业并没有通用的标准,目前的主流方案是使用高精度地图,如 Lanelet2。Lanelet2 是一套面向自动驾驶的地图框架,使用 C++ 实现,图 3-2 描述了自动驾驶模块对于高精度地图的使用情况。从图中可以看出,高精度地图系统的利用情况可以分为以下三个方面:

(1)使用路网的相关信息进行全局路线规划、行为决策以及目标预测;

(2)需要结合车道和其他图层信息的模块,实现诸如路径规划、场景理解等;

(3)直接访问图层元素的模块,主要是定位模块,构成整个地图的基层并且用于配准定位。

从以上三个方面出发,可以更好地理解高精度地图的组织结构。

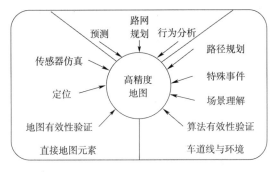

图 3-2　高精度地图在自动驾驶中的运用

(一)路网

路网即地图中道路的拓扑关系,在传统的电子地图中,路网是地图的骨架,道路元素多是通过在路网基础上添加短枝来表述的。高精度地图系统中,使用路网语义的主要目的之一就是产生全局路径规划,即起点到终点的全局路线。区别于粗粒度的电子导航全局规划,高精度地图系统中的全局规划不仅需要知道车的路线(道路级别),还需要知道车道级别的信息,例如可以走哪些车道、车道是不是公交专用道、车道能否变道、能否借道等。

行为决策也和路网信息高度相关,目前的高精度地图系统里,行为决策的实现依然是基于交通规则的,对规则列表的适配需要结合全局规划信息。目标的预测也类似,道路交通中的目标预测一个重要的先验就是目标在多数情况下会在自己的车道上行驶或者遵循交通规则变道,针对不同的道路参与者,交通规则也不一定相同。因此,一个合格的自动驾驶地图,应当包含所有交通参与者的道路规则,例如非机动车道以及行人可能出现的区域和运动的方向等。

(二)车道与环境要素信息

车道的几何信息对于定位系统的规划尤其是动作规划尤为关键,高精度地图系统产生的轨迹并不一定严格遵循车道中心线,在安全和车道道宽允许的情况下,动作规划模块通常倾向于产生平滑且舒适度高的轨迹,这就意味着我们不仅需要知道车道中心线的位置,车道的边缘坐标对于高精度地图系统也是非常有意义的。

(三)物理要素

基于配准的定位需要直接访问地图中的某些物理元素,这些物理元素的类别和具体的定位方法相关,包括 landmark(路标)、护栏、道路边缘等信息。高精度地图理论上应该包含这些物理元素以支持基于地图的配准定位。

高度精度地图的另一大挑战就是保持地图的"新鲜度",即始终处于最新的状态,显然地图包含的要素越多,需要更新的概率就越大,现代电子地图通常只包含已经预处理过的结构化数据,不包含基础的物理元素,那么一旦环境发生变化,就很难追踪环境变化对地图的影响。

三、高精度地图数据格式

目前最主流的高精度地图格式分为导航数据标准格式(Navigation Data Standard,NDS)和 Open DRIVE 两种。

(一)NDS 格式规范

NDS 是由德国大众、宝马等车企联合导航电子地图提供商提出的一种导航电子地图存储标准,是一种基于嵌入式数据库的导航电子地图存储标准,它采用 WGS84 坐标系统,总体由地图显示、路径规划、名称、兴趣点(POI)、交通信息和语言表达六个内容层组成,其中不同层的数据会储存在不同的表中,每一层的数据也会根据类型不同储存在内嵌数据库的不同表中。对同一内容的数据,通过比例尺划分成多个数据表达层,并且进行相应的分块和存储的操作。某块数据代表的是数据库表中的某条记录。传统的数据寻址是通过物理地址偏移来进行,而高精度地图是通过数据库 ID 的相互引用来完成。

在更新阶段,传感器探测到新的交通环境时,通过更新相关数据库对应的数据块即可完成更新。

(二)Open DRIVE 格式规范

Open DRIVE 是通过 XML 的数据格式对地图数据进行存储的,参考坐标系包括投影坐标系和轨迹坐标系。地图中的道路元素由三部分组成:参考线、车道线和特征。其中参考线可以分为直线、螺旋线和弧线等多种形式,一张地图上允许存在多种形式的参考线。

(三)高精度地图的数据采集

数据采集的主要传感器分为以下几种。

(1)毫米波雷达:毫米波雷达使用的是无线电波,波长为 4～12mm,它采用多普勒效应,测量在极坐标下,障碍物距离雷达的距离、方向角以及距离的变化率,其中长距离毫米波雷达主要用于自适应导航、前方碰撞预警;中距离毫米波雷达主要用于盲点检测系统。

(2)激光雷达:激光雷达使用的是激光脉冲,波长为 900～1500nm,直线传播,能直接获得障碍物在笛卡尔坐标系 x 方向、y 方向和 z 方向上的距离。

(3)超声波雷达:超声波雷达主要用于倒车、远程召唤,自动泊车等。

(4)摄像机:摄像机主要用于驾驶员检测、车道偏离预警和交通标志识别。

(5)GNSS:GNSS 主要用于测量车辆的空间三维绝对坐标。

(6)惯性测量单元:惯性测量单元包含 3 轴加速度传感器,即力传感器和 3 轴陀螺仪(角速度传感器),通过两次积分操作,推算车辆的运动距离。

(7)轮轨里程计:轮轨里程计记录左轮和右轮的转数,推算出车辆向前运动的距离以及转动的方向角,由于里程计车轮转数与距离转换存在偏差,随着时间的推移,测量的误差会越来越大。

四、高精度地图相关技术

高精度地图的相关技术主要分为点云处理技术和多传感器融合技术。

(一)点云处理技术

点云库(Point Cloud Library,PCL)是在点云研究基础上建立起的一个大型跨平台开源C++编程库,集成了大量的点云相关通用算法和数据结构等,涉及点云的获取、滤波、分割、配准、检索、特征提取、识别、追踪、曲面建模、可视化等。

点云滤波是指点云数据通过下采样、噪声数据滤波等方式,对点云数据密度进行平滑处理,并且将离群点移除。

点云配准是指通过计算得到完美的坐标变换,将不同视角下的点云数据经过旋转平移等刚性变换统一整合到指定坐标系下的过程,其中经典算法为迭代最近点(ICP)算法。

点云分割是指根据点云分布的整体和局部特征,将点云进行分割,从而快速提取有用的物体信息。

(二)多传感器融合技术

多传感器融合是基于各传感器测得的分布观测信息,将各传感器进行多层次、多空间的信息互补和优化组合处理,从而对观测环境进行一致性解释的过程。

例如,使用激光雷达和普通雷达对同一障碍物进行交替检测,且数据间隔排列,当 k 时刻接收到激光雷达数据时,根据 k 时刻的状态进行一次与此,再根据 $k+1$ 时刻激光雷达观测数据进行测量值的更新,在 $k+2$ 时刻接收到雷达数据时,根据 $k+1$ 时刻的状态进行一次预测,再根据 $k+2$ 时刻的雷达观测数据实现测量值的更新。

五、高精度地图作用

作为无人驾驶的记忆系统,我们认为未来的高精度地图将具备三大功能。

(一)地图匹配

由于存在各种定位误差,电子地图坐标上的移动车辆与周围地物并不能保持正确的位置关系。利用高精度地图匹配则可以将车辆位置精准地定位在车道上,从而提高车辆定位的精度。高精度地图在地图匹配上更多依靠其先验信息。传统地图的匹配依赖于 GNSS 定位,定位准确性取决于 GNSS 的精度、信号强弱以及定位传感器的误差。高精度地图相对于传统地图有着更多维度的数据,例如道路形状、坡度、曲率、航向、横坡角等。通过更高维数的数据结合高效率的匹配算法,高精度地图能够实现更高尺度的定位与匹配。

(二)辅助环境感知

对传感器无法探测的部分进行补充,进行实时状况的监测及外部信息的反馈。传感器作为无人驾驶的眼睛,有其局限所在,如易受恶劣天气的影响,此时可以使用高精度地图来获取当前位置精准的交通状况。

它所运用的原理包括:(1)通过对高精度地图模型的提取,可以将车辆位置周边的道路、交通、基础设施等对象及对象之间的关系提取出来,这可以提高车辆对周围环境的鉴别能力。(2)一般的地图会过滤掉车辆、行人等活动障碍物,如果无人驾驶车辆在行驶过程中发现了当前高精度地图中没有的物体,这些物体大概率是车辆、行人和障碍物。

高精度地图可以看作是无人驾驶的传感器。相比传统硬件传感器(雷达、激光雷达或摄像头),在检测静态物体方面,高精度地图具有的优势包括:所有方向都可以实现无限广的范围;不受环境、障碍或者干扰的影响;可以"检测"所有的静态及半静态的物体;不占用过多的处理能力,已存有检测到的物体的逻辑,包括复杂的关系。

(三)路径规划

对于提前规划好的最优路径,由于交通信息会实时更新,最优路径可能也在随时发生变化。此时高精度地图在云计算的辅助下,能有效地为无人驾驶车辆提供最新的路况,帮助无人驾驶车辆重新制定最优路径。

高精度地图的规划能力下沉到了道路和车道级别。传统导航地图的路径规划功能往往基于最短路算法,结合路况为驾驶员给出最快捷/短的路径。但高精地图的路径规划是为机器服务的,机器无法完成联想、解读等步骤,给出的路径规划必须是机器能够理解的。在这种意义上,传统的特征地图难以胜任,相对来说高精度矢量地图才能够完成这一点。矢量地图是在特征地图的基础之上进一步抽象、处理和标注,抽出路网信息、道路属性信息、道路几何信息以及标识物等抽象信息的地图。它的容量要小于特征地图,并能够通过路网信息完成点到点的精确路径规划,这是高精度地图使能的一大路径。

第二节 高精度定位技术

高精度定位技术在自动驾驶领域被广泛利用。场景不同,定位需求不同,可以使用的定位方案也可以多种多样。在大部分的自动驾驶场景中,需要通过多传感器融合技术实现精准定位。传统的传感器定位技术包括:全球卫星导航系统(Global Navigation Satellite System, GNSS)、惯性测量单元(Inertial Measurement Unit, IMU)、里程计、视觉传感器(包括各种相机)、雷达、高精度地图、车联网等。在这些定位方式中,GNSS 作为最基本的定位手段,通常利用载波相位差分(Real-time Kinematic, RTK)技术。但是考虑到 GNSS 精度问题(通常为 5m)以及多径效应等影响,其应用场景受到较大限制。车辆定位中另一种基本技术是基于传感器的定位技术,但是单一传感器定位受到成本和应用场景的限制,所以在自动驾驶车辆中,通常需要多传感器融合技术来保证定位的精度和稳定性,此外,还会采用高精度地图、车路协同以及惯性导航等方式,满足高精度定位的需求。

一、基于 RTK 差分系统的 GNSS 定位

GNSS 又称全球卫星导航系统,是能在地球表面或近地空间的任何地点为用户提供全天候的三维坐标、速度以及时间信息的空基无线电导航定位系统,包括了欧洲的伽利略系统(GALILEO)、美国的 GPS、俄罗斯的格洛纳斯卫星导航系统(GLONASS)和中国的北斗系统(BDS)。

在传统的 GNSS 定位基础上,使用地面基站作为差分基准参考站进行卫星观测,形成差分数据,播回流动观测站,从而利用改正数据进行定位,这就是 RTK 技术。

高精度 GNSS 差分改正数据使用 NTRIP(Network Transport of Internet via Internet Protocol)、RTCM(Radio Technical Commision of Maritime)等协议进行传播,其具体的流程如图 3-3 所示。

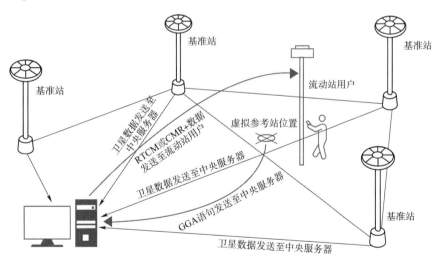

图 3-3　高精度 GNSS 差分改正数据通过蜂窝网络数据向地面播发

(1)地面基站通过观测卫星从而获得原始数据,通过云端解算平台解出改正数据并传至播发平台。

(2)云端解算平台进行数学建模,并且组建运算网络,最后将改正数据网格化处理。

(3)终端流动站发出定位请求,并且上报当前的初始位置信息。

(4)云端解算平台通过匹配,将相应的改正数据播发给相应的终端系统。

(5)终端系统通过初始位置和改正数据计算出当前的高精度位置信息。

二、多传感器融合及高精度地图匹配定位

视觉定位是当前高精度定位的主流模式,传统的视觉定位通过摄像头或者激光雷达等视觉传感器获取图像信息,再通过视觉算法提取图像中的一致性信息,估计两帧图像中车辆的位置变化信息,从而得出车辆的定位信息。通过视觉定位所用的策略,可以分为三种定位方式:基于路标和图像匹配的全局定位、即时定位与建图(V-SLAM)、基于局部运动视觉里程计的全局位置估计。

(一)全局定位

基于路标和图像匹配的定位需要预先对道路场景信息进行采集,获取路标情况,建立数据库,当车辆到达新位置时,使用当前位姿信息与路边数据库进行匹配,建立当前位置与路边的相对关系,从而确定当前车辆的全局定位信息。

(二)V-SLAM

即时定位与建图是指每当车辆经过新的场景时,车辆会对周围场景进行地图构建与定位。

(三)局部运动视觉里程计

视觉里程计通过局部增量估计来预测车辆的位姿参数,视觉里程计通过记录相邻帧图像间车辆的位姿变化,在时间空间上进行累积,从而获得车辆运动轨迹。

高精度地图与传统地图相比,有更加丰富的语义信息。除了包含车道模型,诸如车道线、曲率、航向、坡度之外,还包含了更多细节定位对象,即路面或者上方各种静态物体,如路缘石、栅栏、交通信号灯、龙门架等,通过相机、毫米波雷达和激光雷达等识别出高精度地图上的静态对象。这些交通元素可以通过与地图上储存的对象进行对比匹配(Map Matching),通过对比位姿和相对位置关系,可以对当前车辆的位置信息进行精确定位,这样就可以不依赖于 GPS 进行自动驾驶车辆的高精度定位。

如果我们采用的是基于语义级别的高精度定位地图,需要使用惯性递推或者对航位进行推算获取定位的精确值,流程如图 3-4 所示。

(1)安装在车上的各种传感器,通过标定与授予时间进行空间与实践同步。

(2)GNSS 系统以及车辆安装的惯性导航提供初始位置、姿态和车辆初速度等。

(3)在上一个历元状态下,通过三种不同的方式,如视觉里程计递推、惯性导航惯性递推和车辆里程计递推的方式,对下一时刻车辆的状态信息进行预测(通常取惯性导航的输出时间间隔为一个历元)。

(4)通过预测的位置信息,匹配高精度地图中的语义信息,包括栅栏、交通信号灯、电线杆、龙门架等静态对象信息,并根据不同目标所属的类别进行分类。

(5)车辆传感器根据当前车辆的状态信息,对车道线和目标进行识别并分类。

(6)分类后的对象进行匹配。

(7)根据高精度地图的匹配结果,结合相应的传感器信息,位姿状态等得到匹配定位结果。

(8)将 RTK/匹配定位结果和车辆状态进行融合滤波,得到最终的高精度定位信息。

第三章 智能网联汽车高精度地图与定位技术

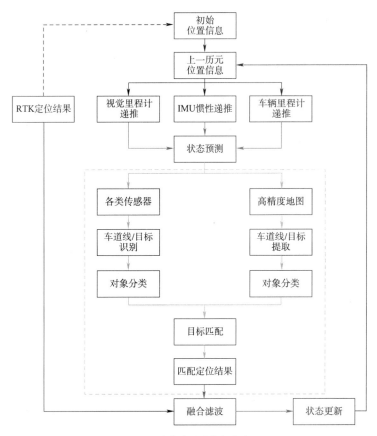

图 3-4　多传感器融合定位流程

三、蜂窝网定位

蜂窝网络作为一种新的定位辅助信息,对于提升高精度定位的精度至关重要。随着 5G 时代到来,具有大带宽、低时延以及高可靠性的网络能够保证大数据的传输,对于高精度地图的传输、更新和下载也有较大的帮助。

蜂窝网定位技术的基本架构如图 3-5 所示。通常条件下,蜂窝网定位会存在一个定位客户端,客户端发出请求给服务器,服务器端匹配相应的无线接入网点对定位目标进行测量,获取车辆位置信息。值得注意的是,客户端可并不局限于定位目标本身,即定位目标可以针对自身定位请求发送命令给服务器,也可以通过外部发起针对其的定位请求。目标的定位位置可以由定位目标计算得出,也可以交给定位服务器进行计算。

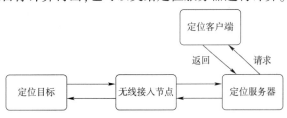

图 3-5　蜂窝网定位技术基本架构

第四章 智能网联汽车车载网络与互联技术

第一节 智能网联汽车车载网络技术

一、车载网络技术概述

车载网络技术是自动控制技术与计算机网络技术相结合产生的一门新兴技术,是汽车智能化发展的重要技术支撑。构建车载网络,满足汽车上不同组件或控制域之间的信息传递,对于车载电气系统的正常运行起着关键作用。

汽车总线最早出现在20世纪80年代,最初使用的车载网络技术脱胎于计算机设备的总线技术。此时车载网络的通信大多采用点对点的单一通信方式,进而将全车分散连接的电子系统布置成完整的信息网络。这样直截了当的通信方式在需要参与通信的设备较少时可以很好地发挥作用。然而,随着汽车功能的不断增加和完善,车载网络系统的通信任务越来越重,若继续采用传统的通信方式,将会组成相当庞大的布线系统。庞大的布线系统不仅为汽车带来了额外的线束成本和重量,侵占了车上本就不大的装载空间,也带来一系列传输性能与维护上的问题。庞大的布线系统不仅为车载网络的维护和检修带来了极大的难度,当网络上信息量增加时,也往往不能保证信息及时、可靠的传递。因此,无论从材料成本还是工作效率看,传统布线方法都无法适应现代汽车的发展,这也从需求的角度推动了现代汽车总线技术的产生和发展,包括通信协议的不断扩充和汽车电子电气架构的不断优化。

控制器局域网络(CAN)总线是现代车载网络技术的先行者,它采用总线型拓扑结构,所有可以参与信息交换的节点都挂载在同一条总线上,从而大幅减少线束的数量。同时,CAN可以提供高达1Mb/s的总线传送速率,足以满足当时车载网络的需求,因此CAN在车载网络中迅速地得到了广泛应用。与此同时,对于汽车上一些对通信带宽要求不高的应用,也出现了局域互联网络(LIN)等协议以填补相应的需求。

近年来,在电子零部件日渐增多、信息传输量迅速增长、智能化应用不断涌现的背景下,传统的基于CAN的汽车总线系统已经越来越难以满足汽车内部的通信需求。同时,多媒体系统的应用、移动互联的需求等也对汽车与外部网络的互联产生了新的需求,一些新的通信协议如FlexRay、MOST等纷纷被设计出来,以求解决汽车上日益严重的通信能力不足问题。目前的车载网络是一个多种通信协议混合使用的复杂系统,很多研究者相信在短期的未来,这种共存的状态将继续持续下去,然而,日渐严苛的应用需求也将不断呼唤新的总线技术的到来,车载以太网便是这种广受期待的新技术之一。CAN、LIN、FlexRay、MOST以及车载以太网通信协议将在后续章节中详细介绍。

二、车载网络的应用场景

车辆依据其组件的具体功能,通常被分解成若干个"控制域",如动力总成域、底盘域、车身域、辅助驾驶域、多媒体域等。汽车电子系统中这些不同的控制域对于车载网络通信的要求不同,其功能和通信需求见表4-1。这种需求的差异也是导致目前不同控制域通信总线结构与协议差异化的主要原因。

汽车电子系统不同域对于通信的要求　　　　　　　　表4-1

域	描 述	端到端延迟要求	带 宽 要 求
动力总成	控制产生动力并将其用于车辆行驶的组件	<10μs	低
底盘	控制转向器、制动器和悬架	<10μs	低
车身和舒适性	控制收音机、空调、车窗、座椅和灯光	<10ms	低
辅助驾驶	控制提高车辆安全性的系统	依据实际系统可选<250μs或<1ms	20~100Mb/s
人机接口	控制显示器及与驾驶员或乘客交互的界面	<10μs	不同系统有差别,但正在不断增加

动力总成域是在汽车行驶中产生能量并为车辆供能的系统。动力总成不仅包含发动机、变速器、传动轴和车轮等机械结构上的组件,也包含很多用以改善驾驶性能、减少排放污染、提高效率和安全性的传感器或控制元件。由于动力总成是涉及驾驶安全最核心的控制系统,动力总成的控制单元需要读取低延迟(微秒级)的准确时间以确保结果的精确,也需要实现对各个控制对象的快速控制(微秒级),因此动力总成对于通信的实时性也具有极高的要求。

底盘域包括支撑动力总成的内部框架,以及除发动机外的其他所有与行驶相关的部件,包括制动器、转向和悬架。与动力总成域类似,底盘域也是汽车安全驾驶的核心环节,因此底盘域的传感器和控制也有精确的定时和通信能力要求。

车身域包括加热和空调、座椅控制、车窗控制和灯光控制等,均涉及传感器数据的传输以及与控制单元的通信。这类传感器和控制所需的通信带宽较低,对于时间延迟的要求也较低。

辅助驾驶域是近年来发展最快的领域之一。这些系统通常具有独立的传感器与专用的控制单元,但也经常需要联合其他系统(如动力总成、底盘和人机界面)进行交互控制。辅助驾驶系统通常需要更高的计算能力和与传感器间更高的通信带宽,通常只允许数百微秒的延迟。目前,辅助驾驶系统对于总线通信带宽的需求仍然逐年递增,这也是不断促使汽车采用更高速的通信协议与接口的主要驱动力之一。

与辅助驾驶域类似,人机接口(HMI)域用于与乘客交互的或娱乐性的应用时,需要较高的通信带宽,但却可以容忍大时间延迟;然而当其作为控制命令的接口时,它对于通信的实时性要求与动力总成、底盘控制系统是相同等级的。

传统的上述不同控制域之间是相互独立的(无论是机械、电气还是计算机控制)。但随着汽车逐步向自动化、智能化推进,如今汽车上的各个域在保持着计算系统相对独立的同时,彼此之间有了更多的交互,需要传递大量的数据和控制信息等,尤其是智能驾驶域。这也对车载网络的带宽、确定性时延以及架构提出了新的需求。

三、车载网络协议分类

目前已经形成了适用于不同场合的多种汽车总线标准,如 MOST、CAN、LIN、FlexRay、TTP 等。美国汽车工程师协会(SAE)依据不同通信协议的传输速度,将汽车网络总线分为 ABCD 四类,见表 4-2。

车载总线通信协议分类　　　　　表 4-2

类别	通讯速度	典型协议	应用范围
A 类	<10kb/s	LIN	灯光、门锁、后视镜等
B 类	10~125kb/s	低速 CAN	车身舒适性控制、显示仪表等
C 类	125kb/s~1Mb/s	高速 CAN	发动机控制、传动系统、ABS 制动系统、悬架系统、线控系统等
	1~10Mb/s	FlexRay、TTP	
D 类	>10Mb/s	MOST	汽车导航系统、多媒体娱乐系统

在汽车总线通信的设计中,除了充分满足对应系统通信要求,也需要控制车载网络的成本。因此车载网络系统一般不会采用单一总线协议,而是会根据不同通信任务的具体要求,选择与其适配的通信协议,这也导致了目前多元化的车载总线系统。为了在采用各种协议的通信子网络之间进行通信,人们引入了网关作为子网络沟通的桥梁,并组成了多元化协议车载网络系统。因此,在目前以及可见的未来,各个总线协议之间都将不单是竞争关系,而是将会长期处于共存的局面。

四、CAN 总线技术

CAN 是控制器局域网络(Controller Area Network)的简称,它最初由以研发和生产汽车电子产品著称的德国博世公司开发,并最终成为国际标准(ISO 11519),目前是国际上应用最广泛的现场总线协议。

CAN 总线协议目前已经成为计算机控制系统和嵌入式工业控制局域网的标准总线,甚至衍生了以 CAN 为底层协议,专为大型货车和重型机械车辆设计的 J1939 协议。近年来,CAN 总线协议具有的高可靠性和良好的错误检测能力也受到重视,因而也开始被广泛应用于环境温度恶劣、电磁辐射强及振动大的工业环境控制之中。

在车载应用领域,汽车电子设备中常用的 CAN 总线共有 3 个版本。其中成本最低、速度也最慢的是单线 CAN(SW-CAN),另外 2 种分别是容错 CAN(FT-CAN)和高速 CAN(HS-CAN)。低速 CAN 总线有自动休眠功能,CAN 总线可以让没有操作的节点进入节电模式,在需要的时候再由总线唤醒。高速 CAN 总线的速度可以达到 1Mb/s,主要用于关键的实时系统,如发动机集中控制系统、制动防抱死系统(ABS)、巡航系统、底盘系统等。

近年来,一些汽车制造商也开始在标准 CAN 协议基础上二次开发,形成独有的 CAN 版本。例如,通用汽车公司在标准 CAN 的基础上,结合自己的通信协议,并修改了部分软件,开发出了 GMCAN,使之易于兼容第三方开发工具。而一些芯片制造商也在对标准 CAN 进行改进,如在汽车熄火时降低 CAN 模块的功耗,以延长电池寿命。

CAN 总线可有效支持分布式控制或实时控制,通信介质可以是双绞线,同轴电缆或光纤,其主要特点是:

（1）CAN 总线为多主站总线，各节点可在任意时刻向网络上的其他节点发送信息，不分主从，通信灵活。

（2）CAN 总线采用独特的非破坏性总线仲裁技术，优先级高的节点优先传送数据，可满足实时性要求。

（3）CAN 总线具有点对点、一点对多点及全局广播传送数据的功能。

（4）CAN 总线采用短帧结构，每帧有效字节数最多为 8 个，数据传输时间短，受干扰的概率低，重新发送的时间短，并有循环冗余校验码（CRC）及其他校验措施。数据出错率极低，保证了数据传输的高可靠性，适于在高干扰环境中使用。

（5）CAN 总线上某一节点出现严重错误时，可自动脱离总线，而总线上的其他操作不受影响。

（6）CAN 总线系统扩充时，可直接将新节点挂在总线上，因而走线少，系统扩充容易，改型灵活。

（7）CAN 总线最大传输速率可达 1Mb/s（此时通信距离最长为 40m），直接通信距离最远可达 10km（速率 5kb/s 以下）。

（8）CAN 总线上的节点数主要取决于总线驱动电路。在标准帧（11 位报文标识符）可达 110 个，而在扩展帧（29 位报文标识符）其个数几乎不受限制。

（9）CAN 可以点对点、一点对多点（成组）及全局广播集中方式传送和接收数据。

（10）采用不归零码（Non Return to Zero，NRZ）编码/解码方式，并采用位填充（插入）技术。

五、FlexRay 技术

线控技术（X-by-wire）是汽车领域中出现的一种新技术，该技术最初来源于飞机制造行业，基本思想是使用电子控制系统代替机械控制系统，将驾驶员的操作转化为电信号，利用控制器控制汽车实现对应的功能。线控技术的应用将大大减轻控制系统质量，而随着电子系统的可靠性越来越高，电子控制系统将比机械控制系统更为安全。

X-by-wire 中的 X 表示受控对象的具体操作，目前在汽车这一应用场景下，X 可指节气门、制动、转向等操作，相应地有电子节气门、线控制动、线控转向等产品问世。图 4-1 所示的是一个线控制动系统的结构简图，该系统使用数字通信取代部分或全部制动管路。

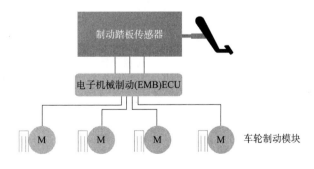

图 4-1　线控制动系统结构简图

由于涉及动力、制动、转向控制等关键功能，线控系统对车用总线通信的带宽、实时性和容错性提出了更高的要求。传统的 CAN 和 LIN 通信均不能满足上述要求,因此,须须新的总线协议予以填补。

2000 年 9 月,宝马、飞利浦、飞思卡尔和博世等公司联合成立了 FlexRay 协会,旨在共同制定一种专为车内联网而设计的新型通信标准(即 FlexRay),并推动其成为高级动力总成、底盘、线控系统的标准协议。自成立以来,协会不断扩张,FlexRay 的开发工作也在宝马、戴姆勒、克莱斯勒、飞思卡尔、通用汽车、恩智浦、博世和大众等核心合作伙伴的推动下大步前进。

FlexRay 采用了双通道冗余备份技术,在物理上通过 2 条分开的总线通信,分别由 2 条总线和 2 个网络控制单元构成 1 个完整网络,每个 ECU 分别和 2 条总线相连。正常情况下可以双通道传输数据,当其中一个网络发生故障时,可切换到备份网络承担通信任务,从而满足线控应用的高容错性要求。FlexRay 每一条的数据速率都是 10Mb/s,采用双通道的 FlexRay 的网络带宽可达到 CAN(1Mb/s) 的 20 倍,从而满足线控应用的高带宽需求。此外,FlexRay 采用时分多路访问技术(TDMA),将总线划分成很多时间片,各设备按照优先级占用不同的时间片实现对总线的复用,满足了线控系统实时性方面的要求。目前 FlexRay 已在汽车的线控转向、ABS 系统等得到了实际应用。

FlexRay 的优势主要体现在以下几个方面。

1. 高带宽

带宽最高可达 2×10Mb/s,采用双通道冗余时也可以达到 CAN 总线最大理论带宽的 10 倍。

2. 双通道冗余

FlexRay 采用双通道通信,第二个通道既可以发送与第一个通道相同的信息,以冗余来换取安全性;也可以发送与第一个通道不同的信息,来提高传输速率。此外,FlexRay 的冗余通信能力可实现通过硬件完全复制网络配置,并进行进度监测。

3. 支持多种网络拓扑

FlexRay 既可以像 CAN 总线一样使用总线型拓扑,也可以使用星型拓扑或混合拓扑,如图 4-2 所示。

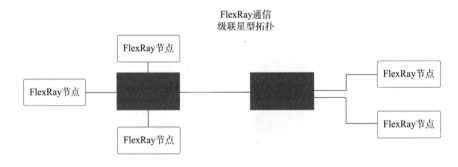

图 4-2 FlexRay 的混合拓扑

4. 总线分配方式

FlexRay 采用 TDMA(Time Division Multiple Access)和 FTDMA(Flexible Time Division Multiple Access)两种方法,将一个通信周期分为静态部分、动态部分、网络空闲时间。

静态部分使用 TDMA 方法,各节点会均匀分配时间片,每个节点只能在特定的时间片发送消息,因此报文在总线上的传输在时间上是可预测的。即便行车环境恶劣多变,干扰了系统传输,FlexRay 协议也可以确保将信息延迟和抖动降至最低,尽可能保持信息传输的同步与可预测。

动态部分使用 FTDMA 方法,采用轮询的方式查看各个节点是否有数据需要发送,常被用于发送使用频率不确定、相对不重要的数据。

六、LIN 技术

LIN(Local Interconnect Network)总线是针对汽车分布式电子系统而定义的一种低成本的串行通信网络,是对控制域网络(CAN)等其他汽车多路网络的一种补充,适用于对网络的带宽、性能或容错功能没有过高要求的应用。LIN 总线基于 SCI(UART)数据格式,采用单主控制器、多从设备的模式。

1998 年 10 月,在德国 Baden 召开的汽车电子会议上首次提出 LIN 的设想。1999 年 LIN 联盟成立(最初的成员包括奥迪、宝马、克莱斯勒、摩托罗拉、博世、大众和沃尔沃等公司),LIN 联盟的目标便是制定和实施满足汽车 A 类串行总线的开放式标准,同年 7 月发布 LIN 1.0 协议。2001 年第一辆使用 LIN 总线的汽车下线。2003 年 9 月发布了目前正在使用的 2.0 版 LIN 协议。

LIN 协议是一种建立在通用的 SCI/UART 硬件接口上,并将分布在车辆不同位置的智能传感器和执行器连接到车内主体网络的单总线、局部互连的串行通信协议。LIN 采用总线型拓扑,单主机多从机的访问方式,是一种面向底层的控制协议,LIN 对硬件的要求比较低,只要有 SCI 的单片机都可以作为 LIN 网络的从节点。

LIN 总线的主要特点如下:

(1)低成本的单线 12V 数据传输,具有标准的 UART/SCI 接口;
(2)采用单主机多从机的主从结构,无须使用总线仲裁机制;
(3)通信速率最高可达 20kb/s;
(4)数据帧长度可变(2、4、8 Byte),配置灵活;
(5)多点广播接收方式,从节点无须使用高精度振荡器,可实现自同步;
(6)无须改变 LIN 从节点的软硬件就可增加网络从节点;
(7)具有数据校验和错误检测机制;
(8)可检测网络中的故障节点。

七、车载以太网技术

近年来,车辆电子器件的增多和智能化程度的提升,使得车辆从原来的机械产品越来越趋向于复杂的电子设备系统。车辆不断增加的复杂性反映在其电气和电子组件上,例如传感器、执行器、电子控制单元(ECU)以及连接它们的车载网络。

现有的车载网络为 CAN、FlexRay、MOST 等多种总线并存通过网关连接的异构车载网络,整个车载网络通过域控制器按照功能域划分、分域控制,例如最典型的动力域、底盘域、车身电子域、智能驾驶域等。自动驾驶和车联网的概念日趋成熟,新一代自动驾驶车辆具有大量新的系统(例如行人检测、避撞、巡航控制等),它们需要以安全、快速的方式相互通信。

由此带来的汽车产业正在发生着变革,与此同时车载网络也面临挑战。

一方面,自动驾驶和信息娱乐系统升级带来的海量数据推动了新的车载网络类型的出现。基于CAN和FlexRay的现有车载通信网络足以满足过去几年车辆通信的要求,然而,随着汽车智能化和自动驾驶水平的提高,智能网联汽车所涉及的感知、控制、决策复杂性的提高,带来了车辆内部对于数据共享以及跨域通信需求的增多。如高清摄像头和激光雷达之间需要更紧密的通信,来实现多传感器融合,更精准地感知周围环境。跨域的信息交互也会越来越多,传感器也不再为某一个控制器所独自使用,车辆所采集到的环境和驾驶行为数据往往需要被多个不同控制器使用,软硬件解耦的需求逐渐被提出来。同时,自动驾驶对于确定性低时延通信的要求也更高,传统的车载网络越来越难以支持和有效满足一系列复杂的高带宽、确定性低延迟通信需求。

另一方面,对车辆数据共享的需求也促使了车内网络架构的升级。随着智能网联汽车的逐渐发展,车内自动驾驶相关需求不断增加,且交通场景的多变使得网络节点业务需求的变更频繁,需要动态地改变车载网络。这对网络配置的维护和更新带来挑战,如添加新的通信传感器,或者是汽车中增加新的ECU和软件应用程序,并且这种需求同时也会促使车端空中下载技术(OTA)需求的增多。

车载网络在架构上越来越趋向于软硬件解耦的软件定义汽车模式,可扩展性和灵活性要求越来越高。这也使得车辆电子电气架构平台成为除车辆的机械平台之外越来越重要的平台。因此,这对现有车载网络架构的通信带宽、时延确定性和可扩展性带来了挑战。

1. 传统车载网络的瓶颈

传统车载网络的瓶颈可以总结为以下几点。

(1)带宽瓶颈:传感器增多带来的数据量突增使得传统车载网络带宽受限。

(2)布线复杂度:节点的增加带来布线复杂度、线束重量的增加,对汽车维护、轻量化、动力性和经济性都带来负面影响。

(3)确定性低时延:域内和跨域通信增多,现有的总线技术难以满足高并发大流量增多情形下的对于确定性低时延的要求。

(4)架构的灵活性、可扩展性:难以实现车载设备的在线升级维护、可扩展性以及网络的动态配置需求。

为了突破上述瓶颈,基于以太网的网络架构是许多汽车制造商的选择,如通用、宝马和梅赛德斯-奔驰。以太网在带宽要求、开放性、可扩展性、物理层传输成本、技术成熟度和标准化方面具有明显优势。车载网络的以太化可以使各个功能模块灵活接入,计算功能也可以灵活配置在边缘节点上或集中到某些中心节点上。同时高带宽的以太链路可以支持软件驱动的架构定义,进行集中式的处理,同时大大降低了对总线类型数量上的需求。

2. 以太网服务质量的局限性

尽管以太网目前已经被广泛采用,但是传统以太网从根本上缺乏端到端流的确定性服务质量(QoS)特性,其延迟的不确定性和低可靠性,不能满足汽车控制网络的要求。这是以太网成为汽车通信标准的重大挑战。

以太网缺乏支持确定性低时延应用的主要局限体现在以下几个方面。

(1)缺乏 QoS 机制来实时传送数据以满足延迟要求严苛的应用,如实时音视频传输;
(2)网络缺乏实时同步;
(3)缺乏网络管理机制,如带宽预留机制;
(4)缺乏策略执行机制,如数据包过滤,无法确保最终用户的 QoS 级别。

为此,IEEE 任务组开发了音频/视频桥接(AVB)和时间敏感网络(Time Sensitive Network,TSN)标准,以解决以太网技术中的一些关键问题,如精密时钟同步、流量整形、排队和转发协议、帧抢占等调度算法,使得以太网能够满足车辆中所要求的低延迟、高带宽、高可靠性要求,改善以太网特性,为不同优先级数据提供不同程度的端到端有界延迟保障。与此同时,时间敏感型网络(TSN)对于网络的配置和资源预留也制定了一系列标准,对于软件系统逐渐趋于复杂、车内互联通信逐渐增多的自动驾驶有重要意义。

以太网音视频桥接(Ethernet AVB)技术是基于以太网技术的一种服务质量保障技术,被学界和工业界列为另一种车载以太网服务保障技术。该技术最初是为车载音视频、多媒体系统开发的,为了推动 Ethernet AVB 在更多领域的应用,IEEE 的 AVB 工作组于 2012 年更名为时间敏感网络工作组(Time-Sensitive Networking Task Group)。

在车载应用环境,不同于计算机的音视频传输可以通过缓存来补偿网络传输速度的波动,从而带给用户连续的观看体验,车载音视频必须实现严格的实时传输,以满足 ADAS 或控制系统的需要。表 4-3 列出了车载网络的基本 QoS(Qualify of Service)保障要求。同时,如表 4-4 所示,TSN 网络中的优先级由 PCP 优先级代码定义,定义了 3 位标记,8 个不同的优先级,可以依据不同的应用场景进行不同的匹配。

车载网络中的延迟和抖动要求　　　　　　　　　　　表 4-3

名　　称	延　　迟	抖　　动
智能驾驶域	100～250μs	低(微秒级)
整车控制域(动力、底盘)	<10μs	低(微秒级)
车身电子域	<10ms	—
多媒体域	<10ms	—

TSN 中 PCP 优先级定义　　　　　　　　　　　表 4-4

优　先　级	流　量　类　别
0(最低)	基础(Background)
1	最大努力(Best effort)
2	卓越努力(Excellent effort)
3	严苛应用(Critical application)
4	延迟和抖动小于 100ms 的视频("Video"<100ms latency and jitter)
5	延迟和抖动小于 10ms 的音频("Voice"<10ms latency and jitter)
6	互联网络控制(Internetwork control)
7(最高)	控制数据流量(Control Data Traffic,CDT)

Ethernet AVB 是一个不同标准的集合,这一系列标准使得多个发送端(talker)和多个接收端(listener)能够在交换以太网设施上进行同步且连续的流传输。Ethernet AVB 技术在传

统以太网络的基础上,通过精确时钟同步、保障带宽、限制延迟和提供较高的服务质量(Quality of Service,QoS),以支持各种基于音频、视频的网络多媒体应用。Ethernet AVB 协议集包括 IEEE 802.1as(精确时钟同步协议)、802.1Qat(流预留协议)、802.1Qav(队列及转发规则协议)以及其他上层的传输协议。

时间敏感网络(Time-Sensitive Network,TSN)是由 Ethernet AVB 网络演进而来的技术,又称为第二代 AVB,IEEE 802.1 TSN TG 标准和协议扩展了传统的以太网数据链路层标准,以保证具有有限的延迟、低延迟变化(抖动)和极低损耗的数据传输,非常适合工业控制和汽车应用。其应用范围从原先的音视频桥接网络扩展到工业自动化、自动驾驶以及移动前传网络等各种高稳定性要求的网络领域。通过这些协议标准的组合,TSN 以完成对网络的调度管理,并提供优良的调度结果。表 4-5 按照分类列出了现有 TSN 主要协议集及其作用。

TSN 协议集　　　　　　　　　　　　　　　　表 4-5

TSN 标准分类	协议内容
时钟同步	IEEE 802.1AS:精准时钟定时和同步(gPTP)
数据流管理(资源管理)	(1) IEEE 802.1Qcp:YANG 数据模型; (2) IEEE 802.1Qat:流预留协议(SRP); (3) IEEE 802.1Qcc:流预留协议(SRP)的增强功能和性能改进; (4) IEEE 802.1CS:链路本地预留协议
数据流控制(低延迟)	(1) IEEE 802.1Qav:时间敏感流的转发和排队(FQTSS)(CBS); (2) IEEE 802.1Qbv:基于 IEEE 802.1Qav 修订增强流量调度(时间感知整形器 TAS); (3) IEEE 802.1Qbu + IEEE 802.3br:快速流量和帧抢占; (4) IEEE 802.1Qch:循环排队和转发; (5) IEEE 802.1Qcr:异步流量整形(ATS)
数据流完整性(可靠性)	(1) IEEE 802.1CB:帧复制和消除的可靠性(FRER); (2) IEEE 802.1Qca:支持路径控制和登记冗余网络(PCR); (3) IEEE 802.1Qci:流过滤和监管(PSFP)

TSN 协议集可分为四类:时钟同步、数据流管理、数据流控制以及与可靠性相关的标准。

第二节　智能网联汽车智能互联技术

智能网联汽车通过 V2X 技术(V2V、V2I、V2P、V2N),按照规定的数据交互标准和协议实现车辆与周围环境的信息交互,进而实现车辆的智能感知决策与控制以及交通的智能管控,提高驾驶安全性、提升交通效率、实现绿色节能出行。

智能互联技术将人、车、路互联,对单车智能下的感知范围予以扩充,并为协同驾驶带来可能。V2X 技术通过无线通信技术将车辆、道路交通状况、交通信号灯等信息进行传递,为智能网联车辆决策提供支撑。本节从车联网技术的应用、通信内容标准方面来阐述,下节将介绍具体的车联网无线通信技术。

车联网技术的应用场景主要包括道路安全、通行效率以及信息服务等方面。《合作式智能运输系统 车用通信系统应用层及应用数据交互标准》(以下简称《合作式标准》)列出了

17个典型一期车用通信的应用列表,见表4-6。

《合作式标准》一期车用通信应用列表　　　　　　　表4-6

序号	类别	通信方式	应用名称
1	安全	V2V	前向碰撞预警
2		V2V/V2I	交叉路口碰撞预警
3		V2V/V2I	左转辅助
4		V2V	盲区预警/变道辅助
5		V2V	逆向超车预警
6		V2V	紧急制动预警
7		V2V	异常车辆提醒
8		V2V	车辆失控预警
9		V2I	道路危险状况提示
10		V2I	限速预警
11		V2I	闯红灯预警
12		V2P/V2I	弱势交通参与者碰撞预警
13	效率	V2I	绿波车速引导
14		V2I	车内标牌
15		V2I	前方拥堵提醒
16		V2V	紧急车辆提醒
17	信息服务	V2I	汽车近场支付

安全相关的应用,用以提高自车和道路上其他车辆的驾驶安全性,避免碰撞危险的发生。如交叉路口碰撞预警,通过无线通信对驾驶员发出预警,避免视线可能发生遮挡的情形下带来的碰撞危险,车辆对接收到的车辆或者路侧单元消息进行处理和筛选,将可能发生碰撞的车辆筛选出来对驾驶员进行预警。

效率相关的应用,用以提高整体交通通行的效率,减少拥堵,降低燃油消耗率,实现绿色节能出行。如绿波车速引导,通过对路侧设施发出的信号灯信号进行处理判别,给出驾驶员建议车速,使得车辆可以不需要停车且经济地通过路口,同时提升了整体交通效率。

信息服务相关应用,用以提升驾驶体验,增加驾驶乐趣等。如近场支付,通过V2X技术,汽车可以与路侧设备产生资金交易行为(不停车收费等)。汽车也逐渐成为一个移动终端,具有支付能力,提升了支付便捷性和通行效率,而由此带来的商业模式变化也正在发生。

在前期智能网联汽车更为关注一些本地预警式的应用,这些应用不需要很高的渗透率即可起到作用。协同驾驶除了共享车辆之间的感知信息之外,还需要协同感知彼此意图,协同作出驾驶决策。

近年来,智能汽车国家政策法规与标准不断完善,不同品牌车辆以及不同道路基础设施由于需要实现信息的交互,V2X的信息交互内容、格式和协议也需要标准化。为此,一系列的V2X相关标准法规工作陆续展开,包括感知层、应用层、网络层数据交互标准等,如中国汽车工程学会(CSAE)制定的《车联网数据采集要求》《合作式标准》《智能网联汽车车载端信息安全技术要求》等。

第三节　智能网联汽车无线通信技术

车联网的技术架构以 7 层网络模型为基础,不同国家和地区按照类似的方式定义对应的通信模块,如物理层、链路层、适配层、网络层、消息和设施层、应用层等。美国在其"合作式智能交通参考架构"中对智能网联车辆的通信进行了定义,包括车载设备、路侧设备和业务监控系统;欧洲电信标准化协会(ETSI)也对车联网相关通信结构和协议作出了规定和标准建立;我国也发布相关指南对车联网标准制定作出要求,从感知层、网络层、应用层等方面对车、路、网、管理、电子产品与服务等领域作出要求和规范。

一、WAVE 与 C-V2X 技术

专用短程通信(DSRC)技术和 C-V2X 技术是目前使用较为广泛的两种通信技术,下面将分别阐述。

WAVE(Wireless Access in Vehicular Environments)是基于 802.11p 的无线通信技术,可实现车辆与周围基础设施之间的高度安全、高速直接通信,而无须涉及任何蜂窝基础设施。IEEE 802.11p 是对 IEEE 802.11 标准的修订,依据车载环境的场景进行扩展,如 V2X 通信车载终端移动快、时延要求高等特点,该标准定义了增强功能以支持智能运输系统(ITS)应用程序。

WAVE 协议物理层 IEEE 802.11P 是对 IEEE 802.11a 的修正。802.11a 采用正交频分复用(OFDM)技术,支持多种带宽配置。针对 V2X 高速低时延的通信需求特点,WAVE 作出了修改和扩展,如在物理层中简化了认证、关联等的接入过程,采用多信道管理、多优先级队列管理控制关键消息的时延,WSMP 协议(WAVE Short Message Protocol)通过跨过网络层与传输层的传输减少时延。

C-V2X 技术是以蜂窝通信技术为基础的车用无线通信技术,包含 LTE-V2X 与 5G-V2X,包括 PC5 接口(人、车、路之间)和 Uu 接口(终端与基站之间),并且针对自动驾驶的应用场景进行了多方面的扩展和增强设计,如时钟同步、资源分配方式、QoS 保障等。

3GPP Release14 版本于 2017 年完成,支持 LTE-V2X,该版本从业务需求、系统架构、空口技术和安全研究等方面展开,对典型的用例及需求、系统的整体架构和支撑基础、基础空口技术如接口信道结构和资源分配、安全增强等进行了研究。

Release15 版本于 2018 年 6 月完成,支持 LTE-V2X 增强和高级 V2X 应用场景,在 R14 版本的基础上进行功能和性能的提升,如增强业务需求、提升时延性能、提高可靠性等。

5G NR Release16 版本于 2020 年 7 月 3 日冻结,5G 的商用化得以更加快速地发展并渗透各产业的应用。5G-V2X 和与 LTE-V2X 形成互补,共同发展,在差异化的同时也相互结合,互相增强。

二、车联网网络安全技术

车联网网络安全技术包括通信安全、云服务平台安全、移动智能终端安全、数据安全及隐私保护等方面。车联网网络通信安全是智能网联汽车安全的重要环节,成为产业发展的

重点,完备的安全标准体系和防御体系是 V2X 技术发展的前提和必备条件。

车联网云服务平台通过数据的汇聚、存储、分析并计算和管理等,实现一系列应用服务的提供,如车辆的远程控制、预警、交通管理等。云服务平台中的数据存在机密存储、隔离、迁移、隐私保护等问题,各类 Web 服务应用也同样面临安全风险,如防火墙漏洞,并且由于暴露在外部网络中使其更加容易受到攻击。

车联网通信中,由于网络协议的漏洞、恶意入侵代码的威胁、网络融合协议转换时面临的安全威胁、数据传输过程中面临的隐私窃听、篡改威胁等,使得车联网通信安全成为智能网联汽车健康可持续发展十分重要的环节。

V2X 通信在消息的认证有效性、完整性、隐私性、不可否认性、实时性、确定性、冗余性等方面均有较高要求,因此 V2X 通信中的认证技术、访问控制技术、隐私保护技术、入侵检测技术等车联网安全关键技术值得关注。

第四节　智能网联汽车信息和异构网络融合技术

车联网目前面临着多种异构无线网络共存、不同接入技术共同部署的局面。需要通过结合不同的无线技术,形成统一规范的车联网无线通信网络,确保通信网络的实时性和稳定性,提供全网覆盖。车辆的多种无线接口使得车辆具有如 DSRC、5G、无线局域网等多种通信能力,车辆需要在多种协议和网络接入技术之间转换。异构网络融合即需要对车辆 V2X 信息进行接收、转换和整合,通过互联互通实现不同网络资源的利用以及性能的提升。在网络切换和整合时,涉及身份认证、密钥协商等多种问题,也面临着诸多安全问题。

车联网中终端节点移动速度快,网络接入变化频繁,与此同时,高速行驶带来的信道快速衰落和多普勒效应、建筑物遮挡等都使得通信质量受损,成为车联网移动性管理中的难点。同时,资源管理也是必须要考虑的环节,如不同网络资源业务的 QoS 保证,通过资源调度(如优先级的分配、网络资源的动态实时调度等),来满足多样化和差异化的业务需求。

第五章　智能网联汽车智能制动与能量回收技术

第一节　智能网联汽车制动系统结构概述

一、车辆制动系统概述

使行驶中的车辆减速直至停车,使下坡行驶中的车辆速度保存稳定,使已经停止的车辆保持不动,统称为汽车制动。简而言之,汽车制动的目的是为了使车辆减速或者维持一定的速度。用于车辆制动的一系列专门装置称为制动系统。

制动系统由制动器和制动驱动机构组成。制动器是指产生制动力来阻止车辆运动的部件,包括辅助制动系统中的缓速装置。制动驱动机构包括控制装置、供能装置、传动装置以及制动力调节装置等。制动系统具有很多类型,按其用途可分为:行车制动系统、驻车制动系统、第二制动系统以及辅助制动系统;按制动能源可分为:人力制动系统、动力制动系统、伺服制动系统等。

目前,L3/L4 级别的自动驾驶车辆使用的都是线控制动、驱动、转向。线控是用电子系统来替代传统的机械或者液压系统。最早提出该技术的是美国航天局,此技术被用于飞机的线控飞行技术,目前大部分的军用飞机和民用飞机都采用了这项技术。相比传统的机械系统或液压系统,线控系统显著地提高了飞机的性能,给飞机的设计带来了革命性的变化。它主要的变化在于其布置更加方便,且反应速度更加快捷。借鉴了航空领域的线控飞行技术,汽车工业领域也出现了线控驾驶技术。线控制动是智能网联汽车线控系统最重要的组成部分,也是技术实现难度最大的部分。

二、传统制动系统

在了解智能网联汽车线控制动之前,需要了解汽车的制动原理及传统汽车制动系统,该小节对传统制动系统进行介绍。传统制动系统主要由真空助力器、主缸、储液罐、轮缸、制动鼓或制动碟构成。某型轿车伺服制动系统如图 5-1 所示。

当驾驶员踩下制动踏板时,机构会通过液压把驾驶员脚上的力量传递给车轮。但实际上要想让车停下来必须要有一个很大的力量,这比人腿的力量大很多。所以制动系统必须能够放大腿部的力量,要做到这一点有两个办法:

(1)杠杆作用。

(2)利用帕斯卡定律,用液力放大。制动系统把力量传递给车轮,给车轮一个摩擦力,然后车轮也相应地给地面一个摩擦力。

随着驾驶员对汽车制动性能要求的不断提高,传统的液压或者空气制动系统在加入了大量的电子控制系统(如 ABS、ESP 等)后,结构和管路布置越发复杂,液压回路泄漏的隐患也加大,同时装配和维修的难度也随之提高。传统液压控制系统已经难以满足人们对于汽车制动性能的要求,并且由于智能网联汽车的高度电子化,线控制动成为主流智能网联汽车的制动方式。

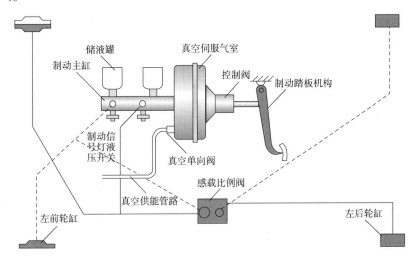

图 5-1　传统伺服制动系统结构图

三、线控制动系统

目前线控制动系统主要有电子液压制动(EHB)系统和电子机械制动(EMB)系统两种。

(一)EHB 制动系统

EHB(Electro-Hydraulic Brake)即电控液压制动器,是在传统的液压制动器基础上发展而来的。EHB 的制动力不是由驾驶员的体力及真空助力器的伺服力产生的,EHB 用一个综合的制动模块来取代传统制动器中的压力调节器和 ABS 模块等,这个综合制动模块就包含了电机、泵、蓄电池等部件,它可以产生并储存制动压力,并可分别对 4 个轮胎的制动力矩进行单独调节。

EHB 系统主要由制动踏板、电控单元 ECU 以及各种传感器组成,制动踏板和制动器之间不通过液压直接连接,而通过传感器接收制动踏板的行程和踏板力,随后把信号传递给电控单元,电控单元通过识别制动踏板的转角、角加速度以及主缸液压力等信号来识别驾驶员的制动意图。液压控制单元 HCU 由电机、泵和高压蓄能器组成,经制动管路和方向控制阀与制动轮缸相连,控制制动液流入及流出轮缸,从而实现制动压力的控制。

相比传统的液压制动器,EHB 有了显著的进步,其结构紧凑、改善了制动效能、控制方便可靠、制动噪声显著减小、不需要真空装置、有效减轻了制动踏板的大幅振动、提供了更好的踏板感觉。由于模块化程度的提高,在车辆设计过程中又提高了设计的灵活性、减少了制动系统的零部件数量、节省了车内制动系统的布置空间。可见相比传统的液压制动器,EHB 有了很大的改善。但是 EHB 还是有其局限性,即整个系统仍然需要液压部件,其基本仍然离不开制动液。

(二)EMB 制动系统

EMB 全称 Electro Mechanical Brake,和 EHB 的最大区别就在于它不再需要制动液和液压部件,制动力矩完全是通过安装在 4 个轮胎上的由电机驱动的执行机构产生。EMB 系统包括制动力控制单元(MCU)、制动力分配单元、制动力执行单元等。当 MCU 接收到制动指令后,通过车载计算机网络向制动执行单元发出驱动指令,制动执行单元内部的驱动电机通过减速机构和运动转换机构来推动制动块产生制动力。EMB 系统主要存在的问题是制动力不足,由于 EMB 系统必须在轮毂中,而轮毂的体积决定了电机大小,进而决定了电机的功率不可能太大。普通轿车一般需要 1~2kW 的制动功率,这是目前小体积电机所难以达到的,因此必须大幅度提高输入电压。同时,为了保证失效安全性必须具有车载电源网络备份。

EMB 系统由于完全取消了液压控制,相应地取消了制动主缸、液压管路等,可以大大简化制动系统的结构,便于布置、装配和维修,更为显著的是随着制动液的取消,对于环境的污染大大降低了。EMB 系统完全采用线控,制动响应时间缩短至 90ms 左右,相对传统液压制动系统及电控液压制动系统具有明显优势。结构相对简单、功能集成可靠的电子机械制动系统越来越受到青睐,可以预见 EMB 将最终取代传统的液压(空气)制动器,成为未来车辆的发展方向。

(三)iBooster 线控制动技术

iBooster 为博世公司研发的一款不依赖真空源的机电伺服助力机构,可以满足现代制动系统的要求。iBooster 可用于所有动力系统,尤其适用于混合动力电动汽车和纯电动汽车。iBooster 制动技术的原理是当驾驶员踩下制动踏板时,输入杆才推动阀体移动,位于下方的踏板行程传感器会把踏板行程信息传递给电子控制单元,电子控制单元将踏板行程信息处理后得到合适的制动力矩,并将制动信号传递给直流无刷电机,电机转动将制动力矩通过齿轮放大后推动助力器阀门,最终推动制动缸实现制动。

iBooster 制动技术脱离了以前的真空助力设备,采用电力作为制动来源,简化了制动系统。这套新技术也可以与再生制动等电制动手段相结合,满足日常制动要求,降低制动系统的磨损,同时也能通过电机的反向作用,弥补制动踏板在制动能量回收等状态下的力度反馈,使得驾驶更加顺畅。

第二节　智能网联汽车制动能量回馈系统研究

一、制动能量回馈系统模型

电动汽车制动时,制动能量将通过汽车拖动电机发电回馈至能量储存装置中,达到能量回收和增加续驶里程的效果。

(一)制动能量回馈系统结构

电动汽车制动能量回馈系统不但包括传统汽车上的气压或液压制动结构,同时也具有一套回馈制动监测控制回路,如图 5-2 所示。当驾驶员踩下制动踏板时,制动开始进行,

MCU将根据踏板的行程判断制动的强度,根据制动强度决定打开能量回馈制动还是液压制动,或者两者同时打开,通过安装在车轮上的传感器随时监测汽车的车轮转速,将信号传入MCU进行运算,分析其滑移率,接收液压传感器传来的液压压力信号与回馈制动所发出的电流信号,计算当前总制动压力,判断当前应当减压、保压或者加压。

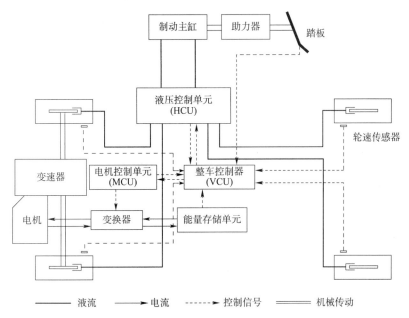

图 5-2　智能网联汽车能量回馈制动系统结构图

图中虚线部分为制动信号回路,实线为液压制动回路及回馈制动回路,由图 5-2 可以看出,电动汽车在制动过程中只能回馈驱动轮即前轮的制动能量,后轮与传统汽车上的制动系统相同,只采用液压制动提供制动力。制动过程中车轮直接通过变速器与电机相连,驱动轮直接拖动电机即发电机发电,将汽车动能转化为电能回馈到蓄电池中。

(二)制动能量回馈系统模型分析

电动汽车的制动系统包括传统的机械制动和电机的再生制动,其中由电机控制单元 MCU 基于制动控制策略来分配电机制动力。通过对电机两端电压的控制,来调整电机的转向、转速和转矩,以此来实现车辆的制动。确定电机制动力后,回馈能量的效率在很大程度上受电机性能的影响,因此电机为再生系统的关键部件。以永磁无刷直流电机为例具体分析制动能量回收的过程。永磁无刷直流电机包括了位置传感器、定子、转子及电子换向线路等,其工作原理为:电子换向线路由转子位置传感器的输出信号进行调控,以此来调整逆变器的功率开关,电枢绕组按次序导通,使得在定子上形成旋转磁场,从而拖动转子转动。此时,伴随转子的旋转,转子位置传感器会不停发出位置信号,以此来不停变换电枢绕组的导通情况,来保持在某磁极下导体中有恒定的电流流向,从而电机就可以转动了,此为电动的过程。而发电过程则与之相反,由外力(动能或势能转化而来)拖动电机转子旋转,依次切割定子各相绕组,因为电枢绕组和磁场间相对切割,这样方向与大小依周期性变化的三相电势会在电枢绕组中产生,从而提供电流,再生制动即利用该过程。其中,直流无刷电机(BLDCM)等效电路如图 5-3 所示。

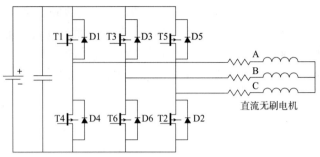

图 5-3 直流无刷电机等效电路图

1. 直流电机回馈制动过程

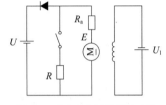

图 5-4 直流电机回馈制动过程

电机在运行状态下,其电磁转矩是驱动性的,而当需要电机尽快减速或停车时,可以改变电磁转矩的方向,使电磁转矩由驱动性改为制动性,将动能或势能转化为电能,存入蓄电池中以供下次利用。直流电机回馈制动过程如图 5-4 所示。

断开电机电枢驱动电流,把一个开关电路接入电枢两端,同时使其在高频通断状态。电机有电感特性,其感应电势 E 与感生电流 i 的关系如式(5-1):

$$E = \frac{-Ldi}{dt} \tag{5-1}$$

式中:E——感应电势;
  i——感生电流;
  L——电机电枢电感。

闭合开关后,电机感应电动势产生感应电流,通过开关形成闭合回路,感应电流如式(5-2):

$$I = -\frac{E}{R_a + R} \tag{5-2}$$

式中:I——感应电流;
  R——制动限流电阻;
  R_a——电枢电阻;
  E——电枢感应电动势。

断开开关时,感应电动势快速升高,当感应电动势大于电源电动势后,产生反馈电流,实现能量的回馈,把负载的机械能部分转化为电能回收到储能装置中。回充的电流如式(5-3):

$$I_1 = \frac{E - U}{R_1 - R_a} \tag{5-3}$$

式中:I_1——回充的电流;
  R_1——回馈电路中的等效电阻;
  R_a——电枢电阻;
  E——电枢感应电动势。

对于电动汽车来说,在制动时,可以满足回馈制动的条件。电动汽车在制动之前,电机处于电动状态,已形成了磁场。开始制动时,存在剩磁,蓄电池两端连有电机定子。再生制动时可以把输入电机的部分机械能转变为电能。进行制动时,制动力在转子轴上形成,此时电压也会在定子端建立。当定子产生的电压比蓄电池电压高时,处于充电状态。伴随持续的制动,此时转子绕组的速度在降低,转差率的绝对值在变小,所以,回充到电池中的电流也在降低。为回收更多能量,在安全范围内,应维持充电电流在较高水平。

2. 永磁无刷直流电机制动能量回馈的原理

电动汽车利用电机的再生制动,实现能量的再次使用。电动汽车上使用的直流电机,需要其能够进行四象限运动,即实现正转、正转制动、反转及反转制动。但对于有倒挡功能的汽车,仅需二象限运行即可,即电机一直处于正转状态。能量回收时,需要电机电流反向即可使电源极性反接就可实现电流反向,可以形成制动性的电磁转矩,但却不能将能量回收至蓄电池中,若控制不理想,电机可能会反转。电动汽车在电机制动时有一定的要求;鉴于目前电池技术的约束,为延长车辆的行驶里程,就需要再生制动系统能尽可能多地回收能量;对充电电流进行有效的控制,以满足电池充放电特性;要能合理地调控制动转矩,以此来有效调节车辆制动速度。

当电机转速在空载转速以下,将车辆的动能在电感中以磁能形式储存起来,经过逆变器,将车辆动能及储存在电感里的能量转化为电能,并利用电感升压特性,可以向电池进行充电。由于制动时,带动电机运行的电流方向与再生制动时电流方向相反,此刻电磁转矩为制动性质。在进行制动能量回收时,脉冲宽度调制(PWM)控制只作用于同一半桥上的三个元件(T2/T4/T6),而总在阻止第二个半桥上的三个元件。以下为 PWM 作用于下半桥的过程:某相反电动势处于 120°正方向最大区间,用 PWM 对下桥臂的元件进行控制,从而对制动的电磁转矩进行调节。采用升压斩波器的原理进行控制:当处在e_a为正,e_b为负的 60°电角区间时,此刻 T1、T4 处在导通区间,利用 PWM 控制 T2。导通 T2 后,经过 T2,D4 把反电动势$(e_a - e_b)$,以能量形式在电机绕组储存,图 5-5a)为其等效电路。此刻,反电动势与绕组中电流方向相同,所以产生的力为阻力性质。把 T2 断开,通过 D1,D4 和电池实现电机绕组中电流续流,对蓄电池进行充电,把能量回收至储能装置,图 5-5b)为其等效电路。将图 5-5a)和图 5-5b)组合后完整的等效升压变换电路为图 5-5c)。基于升压斩波器,充电电流和 T2 触发脉冲的占空比及反电动势大小相关,反电动势变大则占空比变大,充电电流也变大。因此,当反电动势条件一定时,为控制充电的电流,可以对功率开关器件的占空比进行调整。

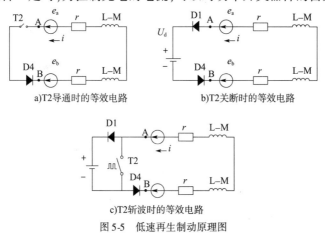

图 5-5 低速再生制动原理图

进行再生制动时,逆变器所有功率开关元件中,仅位于同一半桥上的三个元件由 PWM 控制,逆变器单元如图 5-6 所示。此时,截止另外一个半桥上的三个元件。在 VT4 管中分析 PWM 时一个周期中电流与能量关系。

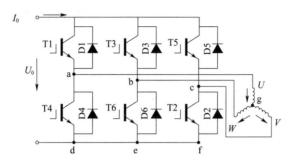

图 5-6 电机逆变器单元

当 VT4 导通时,其等效电路如图 5-7a)所示,从而得到回路电压方程为式(5-4):

$$e = e_a - e_b = 2Ri + 2(L-M)\frac{di}{dt} \tag{5-4}$$

其中 i 为一个开关周期内 A、B 绕组中的回路电流。

不计电阻损耗,电感内储存的能量为式(5-5):

$$W_1 = \int_0^{t_1} i_L u_L dt = \int_0^{t_1} eidt \tag{5-5}$$

在 $t = t_1$ 时,VT4 截止得到的等效电路如图 5-7b)所示,此时回路中的电压方程为:

$$e_a - e_b = 2Ri + 2(L-M)\frac{di}{dt} + u_d = e + u_d \tag{5-6}$$

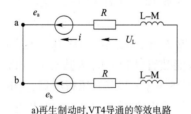

a)再生制动时,VT4导通的等效电路 b)再生制动时,VT4截止的有效电路

图 5-7 VT4 变换的等效电路图

VT4 截止时,蓄电池吸收的能量为:

$$W_B = \int_{t_1}^{t_2}(e + u_d)idt + \int_{t_1}^{t_2}(-i_L u_L)dt = \int_{t_1}^{t_2} i u_{ab} dt \tag{5-7}$$

式(5-7)中间第一项为经电机电磁功率作用把车辆动能转换成的电能,第二项为电感在此刻释放的磁场能。

本小节基于永磁无刷直流电机,对电动汽车制动能量回馈系统进行了详细的建模和分析。

二、制动能量回馈系统储能优化技术

储能技术是制动能量回馈系统的关键技术之一,可将制动产生的电能进行存储。目前常见的电动汽车制动能量回馈系统用储能技术主要包括蓄电池储能、飞轮储能、超导储能、超级电容器储能和混合电源储能等。

(一) 蓄电池储能

蓄电池具有技术成熟、价格低廉、维护方便、可靠性高等优点,在电动汽车市场得到了广泛应用。目前电动汽车市场上,蓄电池的主要类型有:铅酸电池、镍镉电池、镍锌电池、镍氢电池和锂离子电池等,如图5-8所示。几种电动汽车常用蓄电池储能性能的比较见表5-1。

a) 铅酸电池

b) 镍镉电池

c) 锂离子电池

图5-8 电动汽车常用蓄电池

电动汽车常用的蓄电池储能性能比较　　　　　　表5-1

电池类型	优　点	缺　点	应用程度
铅酸电池	价格低、可靠性高、技术成熟	低温性能差、充电时间长、寿命短	应用广泛
镍镉电池	比能量高、比功率高、充放电次数多	价格贵、充电时间长、易造成重金属污染	部分应用
锂离子电池	比功率高、比能量高、充放电效率高、高温性能好、寿命长	安全性系数低、价格高、低温效能差	应用广泛

在城市工况下,电动汽车频繁制动,产生的回馈电流越大,对蓄电池的寿命影响越大。与此同时,蓄电池仍存在充电时间长、环境污染严重的缺点,使得国内外研究机构不得不寻求飞轮、超导、超级电容器和混合电源等替代储能形式,以期改善电动汽车的动力性和经济性。

(二)飞轮储能

飞轮储能系统结构如图 5-9 所示,主要由飞轮电池、电动机/发电机和功率变换器组成。飞轮储能系统的工作原理是利用电动机拖动飞轮高速旋转储存动能,当需要向外部输电时,飞轮释放动能带动发电机发电,从而实现能量的回馈利用。

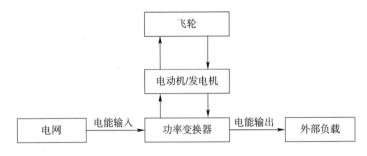

图 5-9　飞轮储能系统结构

飞轮储能系统应用到电动汽车中可有效减少能耗,但是较高的自放电率、高频的疲劳振动和较高的制造成本仍是制约其在电动汽车上广泛应用的关键因素。从长远来看,飞轮储能是最为理想的清洁储能装置之一,飞轮储能技术将继续向大容量、大功率方向发展。

(三)超导储能

超导储能系统(Superconducting Magnetic Energy Storage System,SMESS)结构主要由超导线圈、功率变换器、低温系统和控制单元组成。SMESS 的工作原理是利用电机制动产生电能,再通过功率变换器转换成电磁能的形式储存在超导线圈中,并根据外界负载的需求,由功率变换器将电能输出。SMESS 具有响应速度快、寿命长、输电过程无电能损耗、存储效率高等优点,未来可成为车载储能的一种辅助或替换方式,在车辆起动、加速或制动工况下发挥同飞轮储能系统相同的作用。

超导储能自身不会消耗能量,但必须增加额外的低温制冷机或低温制冷剂使超导磁体冷却到临界温度以下,会导致能量的损耗和成本的增加,使其在电动汽车储能电池领域的应用受到了很大限制。与此同时,研究人员正在研究比超导储能系统成本更低、能量转换效率更高的超级电容器储能技术,以期将其应用到制动能量回馈系统中,进一步提高制动能量回馈效率。

(四)超级电容器储能

超级电容器储能系统结构如图 5-10 所示,主要由超级电容器(Ultra Capacitor,UC)、DC/DC 功率变换器和电机构成。超级电容器在制动能量回馈系统中,通过功率变换器,可实现向电机供电或存储电机产生的能量。

超级电容器也称为电化学电容器,不仅具有功率密度大、充电速度快、可大电流充放电、使用寿命长、温度特性好、安全无污染等诸多优点。同时,超级电容器的容量大,可以达到同体积电解电容器的 1000 倍,功率密度可以达到普通电池的 10 倍,单体最大容量可达 6000F。

超级电容器虽然具有很多优点,但其能量密度较低,作为电动汽车单一动力源使用会导致成本大幅增加,同时仍有一些关键技术还未完全解决。但是通过分析电动汽车储能系统应该具备的高能量密度和高功率密度基本特征,企业界和科学界提出将超级电容器同现有的蓄电池组成混合电源系统,使混合电源在性能上充分发挥各自的优势。

图 5-10　超级电容器储能系统结构

(五) 复合储能优化技术

复合储能是由两种以上不同特性的电池通过串联或并联组合成的储能装置,结合了能量型储能和功率型储能两者的优势,进一步提高电动汽车的动力性和经济性。由蓄电池和超级电容器组成的复合电源系统,是典型的车载混合储能系统结构。复合电源储能结构如图 5-11 所示。

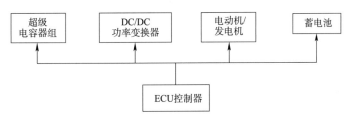

图 5-11　典型的复合电源储能结构

混合储能系统可以同时发挥蓄电池比能量大和超级电容器比功率大的优势,能够满足电动汽车对比能量和比功率的需求,提高电动汽车动力性和经济性。混合电源储能技术是提高能源利用率的关键技术之一,可以同时发挥不同储能技术的优势,比较适合用于电动汽车制动能量回馈系统。有学者提出的新型复合储能方案结构,如图 5-12 所示。

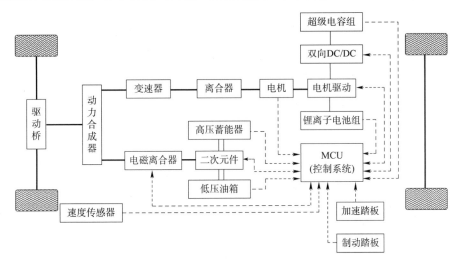

图 5-12　一种新型复合储能方案结构图

此种方案结合超级电容器短时间吞吐能量以及液压蓄能器能量回收效率高的优点,以应对陡峭坡路和长坡路工况。该系统可分为直接驱动单元、再生制动驱动单元、主控单元。直接驱动单元包括锂离子电池组、电机、离合器、变速器、动力合成器等机械传动部分,锂离子蓄电池组直接驱动电机进而驱动车辆行驶;再生制动驱动单元集成超级电容组、高低压蓄能器以及二次元件等部分为一体,是实现再生制动储能的关键部件;主控单元涵盖了控制系统、双向DC/DC变换器、速度传感器、加速踏板、制动踏板等控制以及传输信号部分,其主要负责接收车辆各部分信号,并根据车辆状态、能量储存状态等及时改变动作和运行状态。

制动能量回馈系统涉及多项电动汽车关键技术,不仅需要有大容量、高密度的储能装置,还要有高效率、高转换率的 DC/DC 转换器以及高效可靠稳定的电机等关键部件,为充分有效利用这些关键模块,提高制动能量回馈系统工作效率,应设计制动能量回馈优化控制策略,实现关键技术之间的协调匹配控制。

三、制动能量回馈优化控制策略

制动能量回馈控制策略是电动汽车的关键技术之一,可实现电制动系统和液压制动系统的综合控制。电制动力与液压制动力相互影响,电制动力参与程度越深,制动能量回馈率越高,然而电制动力参与程度受到车速、制动强度以及电机外特性的影响。因此,需要制定合理的制动能量回馈控制策略。

制动力分配控制策略的目的是实现制动能量回馈效率的最大化。在协调分配电液制动力时,不仅能够保证能量回馈系统稳定、可靠和高效地工作,还需要始终保证电动汽车的制动稳定性和安全性。制动力分配控制策略可分为基于最佳回馈制动力控制策略、基于最大制动能量回馈率控制策略和基于 I 曲线分配控制策略。除此之外,常见的制动力分配控制策略还有查表法制动力控制策略。

(一)最佳回馈制动力控制策略

基于最佳回馈制动力控制策略:在汽车制动过程中,保证在制动绝对稳定的前提下,尽可能地回馈制动能量,液压制动与电制动同时制动,以液压制动为主,前后制动力的大小按照给定的比例分配,只需控制电机制动力的大小,实现能量回馈,随着车速减小,逐渐减小电机制动力。

(二)最大制动能量回馈率控制策略

基于最大制动能量回馈率控制策略是在保证前、后轮不发生抱死的前提下,尽可能由电机提供整车制动力,以实现制动能量回馈最大化为目标,使得制动能量回馈率较高。

(三)I 曲线分配控制策略

基于 I 曲线分配控制策略:在保证车辆制动安全的前提下,前后轮制动力基于 I 曲线进行分配。采用理想制动力分配控制策略,可最大限度地利用地面附着力,使得制动距离最短。基于 I 曲线分配控制策略以制动稳定性为目标,基于理想制动力分配和 ECE R13 法规,电动汽车满载前后的前后轮制动力分配曲线如图 5-13、图 5-14 所示。图中,I 曲线为前、后轮同时抱死、后轮制动器制动力的关系曲线,β 曲线是前轮制动力与总制动力比值。

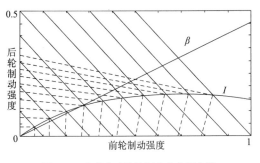
图 5-13 空载前后轮的制动力分配曲线

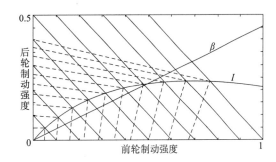
图 5-14 满载前后轮的制动力分配曲线

由上述分析可知,基于 I 曲线分配的制动能量回馈控制策略需要对前后轮制动力进行精确快速控制,控制器设计难度较大。由于市场上大多数电动汽车仍采用传统的机械制动操纵机构,不能有效控制电液制动力分配以及以 I 曲线的比例关系进行分配电液制动力,协调控制技术难度大,回馈能量较少,少有应用。最大制动能量回馈率控制策略虽然回馈能量较多,但是制动稳定性和制动感觉较差,具有较大的安全性隐患。最佳制动力分配策略保证了制动稳定性,但是以机械制动为主,使得回馈能量较少。

(四)查表法制动力控制策略

查表法制动力控制策略如图 5-15 所示。由检测到的制动踏板开度计算得到总制动力,再通过检测电动汽车当前行驶速度,采用查表法计算得到电液制动力分配系数,由分配公式计算得到电液制动力的大小。

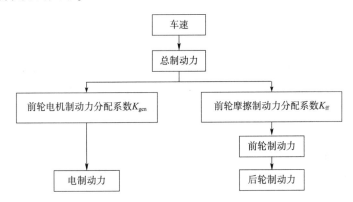

图 5-15 查表法制动力控制策略

(五)改进模糊控制策略

在综合考虑影响复合制动系统的诸多因素下,研究人员不断提出一些能适应实际工况的制动能量回馈控制策略,以实现高效的回馈能量。模糊控制策略的控制原理为:根据车辆需求的总制动力大小和理想制动力分配曲线对车辆前后轮制动力进行分配,得出电机制动力所占比例,又采用模糊控制算法将前轮摩擦制动力和电机制动力进行分配,从而实现回馈制动。模糊控制策略可实现多输入输出控制,控制方法简单,稳定性好,因此在输入输出参数发生细微变化时具有很好的鲁棒性,在制动能量回馈系统中得到了广泛应用。改进模糊控制策略如图 5-16 所示。

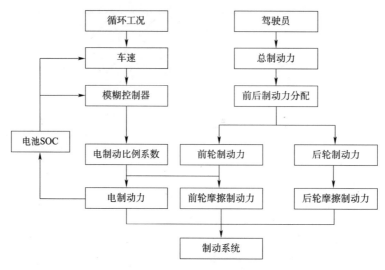

图 5-16　改进模糊控制策略

第三节　智能网联汽车制动防抱死控制策略

一、制动防抱死模型

车辆制动过程中,车轮的停转是通过车轮制动器施加与轮速反向的制动力矩来达到的,控制这个制动力矩的大小可以调节车轮速度减小的快慢程度。当制动器输出的制动力矩增大时,可以加快车轮停转的速度,减小车辆的制动时间和制动距离。根据力学原理,车轮相对地面做滚动前进时,路面附着力对轮胎提供一个与轮速同方向的力矩,当制动器的制动力矩超过了路面附着力矩,车轮便会丧失滚动能力,即发生抱死现象。如果这个时候车身没有停止,前轮就会丧失转向能力且后轮会发生侧滑现象,给制动安全造成危害,此时就需要减小车轮的制动力矩。

汽车制动防抱死系统 ABS(Anti-Lock Braking System)能够实现对车轮产生的制动力矩不断进行调节,实现加快车轮减速和车轮防抱死的目的。ABS 可以极大改善汽车在制动时的操控性能,提高制动安全系数,是汽车主动安全系统中不可或缺的装置。而智能网联汽车由于一般采用复合制动,其 ABS 系统也采用结合液压制动防抱死和电机制动防抱死的复合制动防抱死方式。

(一)制动防抱死基本原理

汽车在匀速行驶的状态下,车身速度与车轮的线速度是相同的,但当进入制动状态时,就可能发生车轮制动器力矩大于路面附着力矩的情况,这时车轮就不再单纯滚动而是有一定的滑动状态。为了定量评估滑动的多少,引入滑移率的概念,滑移率等于车速和轮速的差值与车速之比。附着系数是路面制动力与车轮法向载荷之比,又分为纵向附着系数和横向附着系数两种。汽车在制动时路面能提供给车轮力矩的多少主要取决于纵向附着系数的大小。根据经验,滑移率—附着系数的关系曲线如图 5-17 所示。

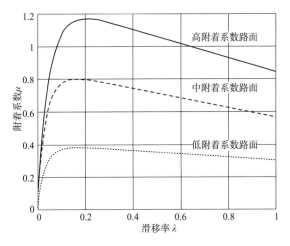

图 5-17 滑移率—附着系数曲线

在附着系数大小不同的路面,滑移率的变化有着相似的规律,即当滑移率从 0 逐渐增大时,纵向附着系数也在增大,当滑移率增大到 0.15~0.25 之间时,纵向附着系数达到最大值,然后开始减小。另外,当滑移率达到最大时,车辆将彻底失去侧向滚动能力,此时后轮极易发生横摆现象,对行车及制动安全产生极大隐患。因此,在智能网联汽车制动防抱死过程中,可通过充分利用附着系数控制滑移率保持在一定范围。

(二)液压制动防抱死原理

防抱死制动的基本思想是根据车辆制动时的状态来判断需要对制动力矩施加何种控制,即是否需要进行增加、减小或者保持的调节。根据上一节中对液压制动系统原理的分析,制动力矩控制的最终结果就是对制动轮缸进行增压、减压和保压的调节。制动轮缸的压力变化推动活塞运动,活塞行程与轮缸压力的关系为:

$$x = \frac{a\, p_c^b}{a_p} \tag{5-8}$$

式中:x——活塞行程;
a_p——活塞面积;
p_c——轮缸压力;
a, b——轮缸拟合系数。

对公式(5-8)进行求导,可得:

$$\frac{dx}{dt} = \frac{ab}{a_p} p_c^{b-1} \frac{d p_c}{dt} \tag{5-9}$$

增压调节时轮缸活塞被向外推动,设此时位移为正;减压过程中活塞被向内推动,令位移为负。轮缸活塞的位移与电磁阀体流量的关系为:

$$\begin{cases} Q_1 = a_p \dfrac{d x_1}{dt} \\ Q_2 = - a_p \dfrac{d x_2}{dt} \end{cases} \tag{5-10}$$

将式(5-9)代入式(5-10)中,可得:

$$\begin{cases} Q_1 = ab\, p_{c1}^{b-1} \dfrac{d p_{c1}}{dt} \\ Q_2 = -ab\, p_{c2}^{b-1} \dfrac{d p_{c2}}{dt} \end{cases} \tag{5-11}$$

结合液压制动原理,可得到增压和减压过程中轮缸压力变化率:

$$\begin{cases} \dfrac{d p_{c1}}{dt} = \dfrac{C_d a_1}{ab}\left(\dfrac{2 p_0 - 2 p_{c1}}{\rho}\right)^{1/2} p_{c1}^{1-b} \\ \dfrac{d p_{c2}}{dt} = \dfrac{C_d a_2}{ab}\left(\dfrac{2 p_{c2} - 2 p_r}{\rho}\right)^{1/2} p_{c2}^{1-b} \end{cases} \tag{5-12}$$

车轮液压制动力矩与轮缸压力关系为:

$$T_b = Cd\, a_p p_c \tag{5-13}$$

式中:C——制动盘制动效能因数;
d——制动盘半径。

对式(5-13)求导,并将式(5-12)代入其导数式,得到液压制动力矩关于压力的动态方程为:

$$\begin{cases} \dfrac{d T_{b1}}{dt} = Cd\, a_p \dfrac{d p_{c1}}{dt} = \dfrac{Cd\, C_d a_1 a_p}{ab}\left(\dfrac{2 p_0 - 2 p_{c1}}{\rho}\right)^{1/2} p_{c1}^{1-b} > 0 \\ \dfrac{d T_{b2}}{dt} = Cd\, a_p \dfrac{d p_{c2}}{dt} = -\dfrac{Cd\, C_d a_2 a_p}{ab}\left(\dfrac{2 p_{c2} - 2 p_r}{\rho}\right)^{1/2} p_{c2}^{1-b} < 0 \end{cases} \tag{5-14}$$

当$d T_{b1}/dt > 0$时,制动轮缸压力增大,此时为增压状态,由式(5-14)可知液压制动力矩也增大,可使滑移率上升;当$d T_{b2}/dt < 0$时,制动轮缸压力减小,制动力矩随之减小,为减压状态,使滑移率下降;而当$d T_b/dt = 0$时,压力不变,为保压状态,制动力矩保持不变,因此不会改变实际的滑移率大小。液压制动防抱死系统框图如图5-18所示。

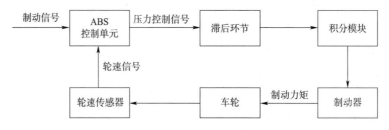

图5-18 液压制动防抱死系统框图

在液压系统制动防抱死调节过程中,通过对制动轮缸进行增压、减压和保压的调节,可以改变车轮滑移率的升降变化,实现制动过程中车轮防抱死的目的。但是,与电机制动系统相比,液压制动系统对控制的响应有着明显延迟,在对液压系统建模时必须考虑滞后因素,所以将液压控制单元响应和液压管路传输滞后等效成一个一阶滞后环节。

(三)电机制动防抱死原理

根据对无刷直流电机的电气特性分析,电机的制动转矩与制动平均电流的关系为:

$$T_e = k_t I \tag{5-15}$$

式中：k_t——转矩系数；

T_e——电机制动转矩；

I——制动平均电流。

电机控制方式采用全桥调制，设一个 PWM 信号的调节周期为 T，其中续流（或反接）制动阶段占整个周期的比值称为占空比 D，平均制动电流如式（5-16）：

$$I_2 = \frac{2E + (2D-1)U_{AB}}{2R_{AB}} \qquad (5\text{-}16)$$

式中：U_{AB}——A、B 相绕组的端电压；

R_{AB}——A、B 相绕组的端电阻。

将式（5-15）代入式（5-16）中，又因电机反电动势与轮速直接相关，可得：

$$T_e = k_t \frac{2E + (2D-1)U_{AB}}{2R_{AB}} = k_t \frac{2k_e \omega_m + (2D-1)U_{AB}}{2R_{AB}} \qquad (5\text{-}17)$$

式中：k_e——反电动势系数；

ω_m——电机机械转矩。

对式（5-17）进行求导，得：

$$\frac{dT_e}{dt} = k_t \left(\frac{U_{AB}}{R_{AB}} \frac{dD}{dt} + \frac{k_e}{R_{AB}} \frac{d\omega_m}{dt} \right) \qquad (5\text{-}18)$$

与液压制动系统类似，电机防抱死制动中也有制动力矩增加、减小和保持的调节过程。当 $dT_e/dt > 0$ 时，为制动力矩增加状态，车轮角速度增大，滑移率上升；$dT_e/dt < 0$ 时，制动力矩减小，车轮角加速度减小，滑移率下降；$dT_e/dt = 0$ 时制动力矩保持。在制动平稳阶段，汽车轮速的变化率 $d\omega_m/dt$ 可视为常数，根据占空比与轮速的线性关系，则占空比的变化率 dD/dt 也为常数，所以对电机制动力矩的控制可以通过调节占空比来实现，从而能够达到电机防抱死制动的目标。电机制动防抱死系统结构框图如图 5-19 所示。

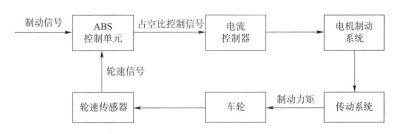

图 5-19　电机制动防抱死系统结构框图

二、制动防抱死控制算法研究

智能网联汽车制动防抱死系统作为协调控制的两大系统之一，在网联汽车协调控制过程中起着重要作用。汽车制动防抱死系统的控制策略较多，常见控制方式有 PID 控制、逻辑门限值控制、模糊控制、神经网络控制、最优控制等。制动防抱死控制方法主要分为两种，即古典控制理论方法和现代控制理论方法。其中基于古典控制理论的控制方法主要是逻辑门限值控制方法，而基于现代控制理论的控制方法包括最优控制方法、滑模变结构控制方法、PID 控制方法和模糊控制方法等。

上述的几种制动防抱死控制方法,从发展程度来看,以逻辑门限值控制、PID 控制和模糊控制最为成熟,已经广泛地应用在各类产品中;从控制精度上看,最优控制和滑模变结构控制的精确度相对较高;从使用的难易程度来看,逻辑门限值控制、PID 控制以及模糊控制比较容易实现,而最优控制和滑模变结构控制实施起来较难;从控制类型来看,逻辑门限值控制和模糊控制都是非线性控制系统,而最优控制、滑模变结构控制和 PID 控制既可用于非线性控制也能应用在线性控制中。

(一)逻辑门限值控制

逻辑门限值控制不需要数学模型,且对 ABS 这类非线性控制很有效。其采用车轮角减、加速度和车轮滑移率作为 ABS 的控制变量。用于 ABS 的控制时,通过预选的角减、加速度门限值和车轮滑移率门限值使车轮在当前路面最优滑移率附近进行制动过程。因此整个控制过程比较简单,结构原理上比较容易实现。目前大多 ABS 中均采用此种控制策略。

逻辑门限值控制方法中通常以车轮加、减速度门限值作为主门限值,车轮滑移率作为辅助门限值。这是因为如果单独以车轮加、减速度为门限值可能会导致紧急制动条件下的程序失效或者非驱动轮的不稳定,而如果单独以车轮滑移为门限值则不能很好适应不同路面。

下面分析逻辑门限值防抱死控制算法的控制逻辑,对变量的符号定义见表 5-2。

逻辑门限值控制算法符号定义　　　　表 5-2

符号表示	含　义
a0	车轮减速度触发门限值
a1	车轮减速度控制上限值
a2	车轮减速度控制下限值
S0	车轮滑移率触发门限值
S1	车轮滑移率控制下限值
S2	车轮滑移率控制上限值

逻辑门限值防抱死控制过程如图 5-20 所示,图 5-20a)为首先车轮减速度触发门限值 a0 的控制过程。在触发 a0 之后算法判断车轮的滑移率是否超过车轮滑移率的控制下限 S1,如果超过说明此时车轮已经接近抱死,应该减小此轮的制动压力。如果没有超过 S1 则说明车轮的抱死趋势不明显,应该保持此轮的制动压力。之后,车轮的轮加速度开始恢复直至大于 a1。此时说明车轮恢复过度,应该保持其制动压力。保压后实行阶梯增压的方式以充分利用最优滑移率区域的附着系数,直到车轮减速度小于 a2。小于 a2 说明车轮的抱死趋势又增强,应该进行减压控制。在以后的控制中循环以上控制过程。图 5-20b)是车轮首先触发滑移率门限值 S0 时的控制过程。如果车辆首先触发 S0 则直接进行减压循环。减压后,其与触发加速度门限值的控制方式基本一致。之后的控制中循环以上控制过程。在实际控制中,两种控制同时作用,根据两种门限值共同确定液压系统所处的状态。

(二)PID 控制

PID(Proportion Integration Differentiation)控制作为应用于连续系统中技术最为成熟、应用广泛的一种控制算法,在各类型的控制系统中发挥着极其重要的作用,其最大的优点是对被控对象的数学模型要求不高,并且只需要根据经验对调节器参数进行整定就可以得到较为满意的控制效果,PID 控制算法因此保持了长久的生命力。但其不足之处是受被控对象参数变化的影响较大,且对纯滞后被控对象的控制效果不理想。

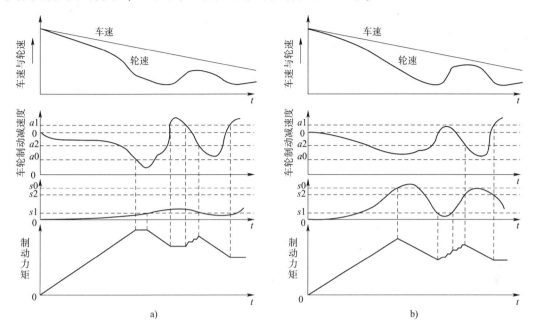

图 5-20 逻辑门限防抱死控制过程示意图

被控对象的偏差 e 和控制量 u 的传递函数关系是:

$$U(s) = \left(K_p + \frac{K_i}{s} + K_d s\right)E(s) \tag{5-19}$$

式中:$U(s)$——系统控制量 u 的拉式变换;

K_p——PID 控制的比例系数;

K_i——PID 控制的积分系数;

K_d——PID 控制的微分系数;

$E(s)$——控制偏差 e 的拉氏变换。

PID 控制器作为一种对被控对象进行校正的环节,其目的是使闭环系统可以尽快达到预期的理想控制效果,PID 控制算法如式(5-20)所示:

$$\mu = K_p\left(e + \frac{1}{K_i}\int_o^t e dt + K_d \frac{de}{dt}\right) + u_0 \tag{5-20}$$

式中:μ——系统控制量;

u_0——系统控制量初值。

基于最优滑移率的控制方法中,设定滑移率的控制目标为 S_0,则控制误差为:

$$E = S - S_0 \tag{5-21}$$

PID 算法是一种不依赖于被控对象数学模型的控制算法,所以必须要对其中的参数进行正定以得到较为理想和较为稳定的控制效果,对给定控制量的变化能够实现迅速跟踪且控制量的超调量较小,在有不同干扰因素存在的情况下系统能够输出较为稳定的理想值,PID 控制算法同时具有控制量适中,在应对环境参数变化时控制性能较为稳定的优点。PID

控制算法的正定方法中较为常见有参数自寻优整定法和凑试法,凑试法即选一组参数通过模拟计算得到控制的响应曲线致影响。反复试凑参数,达到满意的结果。各参数对系统响应的影响如下。

(1)K_p为比例系数,随着K_p的增大,比例的作用增强,系统的响应速度加快,同时K_p的增大有利于减小控制量的静态误差。但K_p增大同时会使控制系统有较大的超调量以及控制量的振荡,从而使控制效果的稳定性变差。

(2)K_d为积分系数,随着K_d的增大,积分的作用增强,控制的响应速度随之加快,但同时会使得控制量的上下波动振幅增大,静态误差增大,从而使得控制系统的稳定性有所下降。

(3)K_i为微分系数,随着K_i的增大,微分作用增强,这时控制系统的超调量减小,响应速度加快,但同时使系统对扰动较敏感,稳定性严重下降,对扰动的抑制能力也会相应降低。

一般的参数整定步骤为先整定比例部分,然后整定积分部分,最后整定微分部分,反复修改参数,直至获得满意结果。这种方法的盲目性大,初步确定控制算法参数时则会较快得到近似比例系数。

(三)模糊控制

模糊控制算法是一种基于实际工作经验来对被控量进行模拟人工控制的算法。由于人对系统的控制是较为模糊不确定的,故设法将人工控制方式转化为机器的模糊语言对被控量进行控制。对于车用制动防抱死系统,模糊控制所具有的特点很好地解决了车辆制动防抱死系统模型复杂、干扰较多的问题。目前模糊控制制动防抱死系统较为常见的控制方法有基于车轮滑移与基于车轮加、减速度两种。

对于基于滑移率控制的汽车制动防抱死特性来说,制动过程中的滑移率将尽可能控制在理想滑移率点附近,系统的误差 E 定义如式(5-21),误差的变化率定义为:

$$EC = \frac{E_k - E_{k-1}}{T} \tag{5-22}$$

其中,T 为采样间隔,E 和 EC 为系统的输入量,输出控制参数选用力矩电机电流的变化量 P。E 和 EC 论域为($-0.8,0.2$)和($-10,10$),模糊控制器的输出为电机控制信号 P,其论域取($-1,1$),再乘以一个增益作为一个输出环节转化为实际控制量,即制动力矩,加到电机控制器上进行制动力矩控制。

模糊制动滑移率控制作为一种较为典型的双输入 E、EC 和单输出 P 的模糊控制系统,在制动控制算法中得到广泛的应用。系统一般根据专家经验及实际控制效果调试编辑出输入输出的隶属度函数以及控制器控制规则,将其预置于模糊控制器中,从而实现对滑移率的实时控制。

(四)滑模变结构控制

ABS 的实质就是控制滑移率在当前路面最佳滑移率附近。利用滑模变结构控制方法,以路面附着系数峰值点所对应的滑移率作为滑模面进行控制,可以有效地控制 ABS 系统。这种控制方式需要的数学模型可以由单轮模型进行推导,以车轮制动力矩作为控制变量可以方便控制车轮的滑移率。但是滑模变结构控制方式对于路面识别的要求很高,而且系统产生的抖振不利用控制算法的设计和工程实际应用,在本书中不对该控制方法进行详细介绍。

第六章 智能网联汽车决策控制技术

第一节 控制系统基本构成

一、宏观路径规划层

宏观路径规划层是智能网联汽车决策控制系统的重要组成部分,用以完成无人驾驶车辆的全局路径规划任务。宏观路径规划层的目的是在抽象的道路网络拓扑结构中,以路程最短或时间最短为目标,规划出任务起点和终点之间合法的最优路径。宏观路径规划层的控制一般只在收到行驶任务的时候预先完成。智能网联汽车在行驶过程中,考虑到交通突发情况的影响,需要实时向轨迹决策环节提供安全、合法的宏观路径,因此也需要动态进行路径规划。

智能网联汽车控制系统宏观路径规划层的本质是图论中的搜索算法,它既要依托于定义的道路网络综合信息表达方式,又要满足智能网联汽车控制决策系统的需求。

智能网联汽车主要由三个部分组成。其一是信息传感系统,负责感知汽车自身的运动状态和周围的环境信息;其二是决策控制系统,也就是智能汽车的"大脑",承担宏观路径规划、局部轨迹决策和产生控制策略的任务;最后是执行机构,负责将控制策略传递给智能汽车的操纵机构,真正实现无人驾驶。

在决策控制系统中,需要执行宏观路径规划、传感信息融合、预瞄决策和控制校正等功能,其中后三者都是需要实时高速进行的。对于宏观路径规划,其输入除了道路网络综合信息和目标信息,还有传感系统获得的智能汽车定位信息和交通动态信息。

虽然宏观路径规划不需要实时执行,但是一旦原有宏观路径与汽车定位信息或者新的交通限制信息冲突,也需要能够快速地重新执行。

另外,宏观路径规划的输出直接对应"驾驶员模型"的轨迹决策环节。因此,宏观路径必须能够与智能汽车的控制决策环节无缝地接合,满足对智能汽车实时进行准确的路径引导的刚性需求。

因此,宏观路径规划层将可以自主分析能用于智能网联汽车宏观路径规划的经典图搜索算法。根据智能网联汽车对路径引导的需求和对路径规划算法的性能要求,比对、筛选出适于智能网联汽车宏观路径规划的基本搜索算法。进一步,该规划层将可以考虑智能网联汽车导航需要考虑的综合信息,充分利用道路网络的数据结构,基于上述经典算法给出考虑道路网络综合信息的分层路径规划方法。

该规划层将会参考导航地理数据库模型和标准,根据智能网联汽车路径规划和"驾驶员模型"轨迹决策的需求,建立分层的道路网络数据格式,并加入交通标志、标线等综合信息,形成道路网络综合信息表达与储存方式。

之后就可基于宏观和局部分层的理念,依托于上述道路网络数据格式分层进行宏观路径规划:首先在整体上规划出宏观路径经过哪些路段和区域,从何处进出这些路段或区域。然后根据智能网联汽车的行驶状态,在路段或区域内规划出可供"驾驶员模型"参考的路径形态,实现与轨迹决策的无缝接合。最终可考虑交通标志对转向、通行的限制,以路段或区域为"节点",以它们之间的连接关系为"边",通过车道夹角判断转向合法性规划出最短路径。

二、行为决策层

行为决策层主要应用的是行为决策理论。结合现代决策理论的发展历程和研究范式,决策理论可分为理性决策理论和行为决策理论。20世纪80年代之前,更加注重期望效用的理性决策理论,在现代决策理论体系中一直处于主导地位。所谓理性决策理论,就是认为决策者从完全理性的角度,根据其能获得的所有准确的、完全的决策信息,得出一个最优的或者具有最大效用的决策方案。随着阿莱斯悖论和爱德华兹悖论的提出及行为科学研究的兴起,强调从人类实际决策行为着手研究决策行为规律及其影响的行为决策理论受到了人们的广泛关注。实际上,行为决策理论主要是针对理性决策理论在现实生活中难以解决的问题而逐步发展壮大起来的。

行为决策是人们在实际生活中,采取具体的行动之前依据某些行为准则在多个备选方案中,选择出基于某种指标的最优行动方案的思维活动。自20世纪70年代,在各种智能技术的推动下,移动机器人相关技术研究获得了飞跃式的发展,并从中涌现出了许多移动机器人行为决策方法。包括多准则行为决策方法、马尔科夫决策方法、贝叶斯网络决策方法、模糊决策方法以及产生式规则决策方法等。

而行为决策层是智能网联汽车决策控制系统的重要组成部分,用来在不同的环境下,进行无人驾驶车辆的行为推理。行为决策层从栅格地图中提取相关信息,将其抽象成为离散事件集合,并将无人驾驶车辆结构化道路环境下的常规行为动作序列划分为不同的行为状态,通过对当前驾驶环境的理解,在交通规则的约束下,将全局规划结果分解为一个合理的驾驶行为状态序列。其与下层采用交互式通信结构,将符号形式的推理结果转化为目标点候选点集合,发送至下层,如图6-1所示。

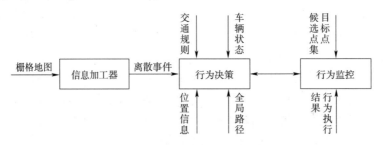

图6-1 行为决策层的主要模块示意图

智能网联汽车行为决策模块的最终目标是像熟练的驾驶员一样产生合理的驾驶行为。人类的驾驶决策行为是以"环境信息、本车状态、交通情景"为输入,以"驾驶行为"为输出的一种映射关系,同时受到驾驶员个性特征及驾驶任务类型的影响。

驾驶员在进行决策时,依靠多种外部环境信息,包括:本车速度、外部交通环境信息、交通规则的约束性信息等。其决策是一个复杂的过程,分为四个阶段:感知,理解,推理和实施。一般过程可以表述为:驾驶员在行车过程中,通过其眼睛、耳朵等感知器官实时地获取道路交通流、本车状态、行车标线等多源信息,并将其传入中枢神经系统,提取行车过程中的关键信息,通过与大脑中存储的经过训练的驾驶模式做对比,在交通规则的约束下,推理出最优的驾驶行为。不同的驾驶模式对应于不同的操控行为,最终通过手、脚等器官实现方向和速度的改变。由此可见,驾驶员在短暂的时间内需要处理大量的数据,对错误、冗余信息进行过滤,作出正确决策。本节的介绍集中于体现感知输入与决策输出之间的对应关系,反映出一种驾驶行为规则,基于驾驶员常见的驾驶行为,通过多源传感地图信息对驾驶行为进行评估,选取当前场景下最优的驾驶行为。

驾驶行为决策层依据全局最优行驶路线信息,基于对当前交通场景和环境感知信息的理解,首先确定自身的驾驶状态,在交通规则的约束和驾驶经验的指引下,推理决策出合理的驾驶行为,并将该驾驶行为转化为相应的接口指令,向下传递给运动规划层。

行为决策系统的合理性是一个比较难界定的概念。每个人对于驾驶行为是否合理都有一个评判标准,本书以交通规则和驾驶经验为基础,作为驾驶行为合理性的评判标准。主要考虑:自由行驶时,应该遵循优先靠右侧车道行驶的原则;在进行车道保持时,不应随意变道,应保持在本车道内;正常城市道路行驶时,应不要随意加速,确保不超过最大车速限制;高速公路行驶时,还应注意最低车速的限制;在进行换道超车时,应能提前打开转向灯;对于"看到"的交通信号灯和交通标志,应该有相应的处理机制;对于危险情况的出现,应能够果断地执行紧急制动。针对复杂的动态交通场景,行为决策系统能根据外部环境的变化,快速地做出驾驶策略上的响应,以避免危险情况的发生。

对于每一个可能的道路驾驶环境都给出一个合理的行为策略是行为决策系统的首要设计目标。另外由于驾驶环境的特殊性,对实时性要求也很高,如何能快速地给出决策结果,也是行为决策子系统所必须考虑的问题。由于不同驾驶场景对应不同驾驶行为,为了避免系统的冗余,根据环境的运动变化规律分场景地决策,不仅能提高实时性更能保证合理性。

根据上述对驾驶行为特性的分析,可看出交通场景直接关系到最终行为决策的合理性。因此,行为决策系统首先基于对不同场景的理解,采用有限状态机模型实现场景间的转换,为最终驾驶行为的决策做好铺垫。其次,根据智能网联汽车应用过程中,行为决策影响因素种类繁多且无主次及多源异构信息知识获取,以及表示不充分的问题,建立基于决策树的驾驶行为决策模型,克服以往决策推理模型的冗余性和局限性,提高行为决策子系统的综合场景适应能力。

该系统将首先针对道路结构环境进行分析,明确自身所处的驾驶场景,接着在此基础上,针对特定的驾驶场景,基于基本交通规则和驾驶经验组成的驾驶先验知识,进行驾驶行为的逻辑推理判断,在多个可选行为中基于驾驶任务需求等要素条件,选择出此场景下的最优行为。

三、运动规划层

运动规划这个概念是移动机器人实现自主导航的关键技术之一。数十年来,随着机器人技术的发展,也极大地推动了运动规划技术的进步,相继产生了许多优秀的规划方法。按照环境建模和搜索策略,运动规划可分为四类:基于自由空间几何构造的规划方法、前向图搜索方法、基于随机采样的规划方法以及智能化规划方法。

运动规划层是智能网联汽车自主决策系统和控制执行系统之间的接口,其主要负责将行为指令转化为控制执行系统能接受的轨迹序列。具体来说,运动规划层根据上层决策结果、局部动态环境信息和自身位姿信息,在考虑车辆运动学和动力学约束的条件下生成一组轨迹序列,再通过安全性、舒适性和时效性等指标函数的评价,挑选出一条最优的可行驶轨迹,并将其发送给控制执行系统;同时其对于行为的执行情况还会被反馈给行为决策层,具体如图6-2所示。

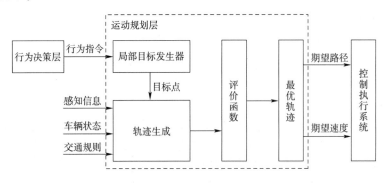

图6-2 运动规划层示意图

运动规划是在满足一定的运动学约束下,使智能网联汽车运动到预期目标所产生的运动动作序列。它将行为决策产生的运动目标位置及方向结果,转换为控制系统能够理解的控制指令。运动规划所需的信息包括:运动目标位置及方向、车身位姿信息以及局部环境感知信息。

运动规划层根据局部环境信息,行为决策的结果和车身实时位姿生成行驶轨迹,输出期望车速以及可行驶轨迹等信息至控制系统,并返回当前的车辆运动状态至行为决策层。运动规划层应能对行为决策层产生的各种行为作出合理规划。规划结果的安全性、舒适性是衡量运动规划层性能的重要指标。

运动规划层的基本工作原理为:根据行为决策层返回的局部目标点、车辆当前状态以及感知系统感知的周围动态环境等信息,在满足道路边界和车辆非完整性约束的前提下,生成多条可行运动轨迹,并组成候选路径集。然后利用评价函数对候选路径集中路径的各项指标进行综合评价,从而获得一条综合性能最佳的路径作为最终路经,并将其返回到控制系统中。

在保证车辆安全的前提下,要求控制系统能够稳定地完成各种行为决策任务,并对相应的决策具有较好的执行能力,同时为乘客提供一种舒适的乘车体验。为达到相应的设计要求,运动规划层必须满足以下约束条件。

(一)非完整性约束

智能网联汽车作为传统汽车与计算机结合的产物,同样受到车辆机械结构的影响,故其仍为一种典型的非完整性约束系统,其运动学模型如图6-3所示。

车辆在位姿空间中的状态为 $X=(x,y,\theta)$,其中 (x,y) 是车辆在位姿空间中的位置,θ 是车辆纵轴与位姿空间横轴的夹角,δ 为前轮转角且 $\delta \leq \delta_{max}$,ρ 为转向半径,K 为转向曲率。

假设车辆在平面上做纯滚动无侧滑运动,则车辆行驶速度应满足下列公式的约束。车辆在转向时,存在最大前轮转角 δ_{max},转向时的最大曲率如式(6-1)、式(6-2)所示。

$$\dot{y}\cos\theta - \dot{x}\sin\theta = 0 \quad (6-1)$$

$$K_{max} = \frac{\tan\delta_{max}}{L} = \frac{1}{\rho_{min}} \quad (6-2)$$

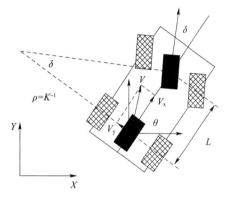

图 6-3 车辆运动学模型

通过车辆非完整性约束系统和车辆运动学模型可知,车辆在转向时存在最大前轮转角以及运动学约束,故运动规划层规划时,需要将两种约束充分考虑其中。

(二)安全性

安全性问题作为智能网联的根本问题,应作为一切规划活动的前提条件。在规划过程中,应当充分考虑周围环境中的动态及静态障碍的约束,保证运动规划子系统所规划路径满足安全行驶的要求,即车辆在行驶过程中应与其他障碍物及道路保持一定的安全距离不与其发生摩擦或碰撞。

(三)稳定性

智能网联汽车需要满足安全性要求,同时需要车辆在行驶过程中保持稳定性,具体表现为行驶方向、速度以及加速的稳定性。只有当运动规划层所规划路径的曲率变化较小、变化频率较低时,才能保证行驶过程的稳定性,从而满足人类对舒适性的需求。

总而言之,为满足以上运动规划层的设计要求,运动规划层需要在应对随机变化的行为决策结果时,能够相应地规划出一条满足车辆各种约束的可执行路径。本质上,运动规划问题即是一个约束优化问题。首先,需要根据行为决策层返回的局部目标点以及周围环境的地图信息,生成一些候选路径。然后根据动力学与运动学特性、安全行驶距离、道路边界条件、横向和纵向最大加速度信息以及纵向最大速度等约束条件对候选路径进行优化和评价,从而输出一条能够满足以上约束的最终轨迹。

四、循迹控制层

循迹控制层是智能网联汽车控制系统的重要组成部分,在实际应用中,汽车的自主循迹控制分为横向控制和纵向控制。横向控制主要是通过控制转向盘转角使汽车沿期望的既定路线行驶,同时满足一定的舒适性和平顺性要求。纵向控制是行车方向上的控制,主要是通过控制汽车的加速和制动使汽车按期望的车速行驶,同时实现与前后车车距的保持及紧急避障等功能。

智能网联汽车横向控制系统的上位机控制单元,通过汽车横向循迹误差和角度循迹误差信息计算出期望的转向盘转角,然后通过转向执行机构实现对转向系统的实时控制,进而实现对期望道路轨迹的跟踪。纵向控制系统的上位机控制单元通过期望车速和期望车距信息分别计算出期望加速踏板信号和制动踏板信号，然后通过执行机构实现对汽车发动机和制动系统的实时控制，使汽车始终保持期望的车速行驶，同时处于安全的车距范围内。

智能网联汽车循迹控制中，按所使用的控制方法可以分为经典控制理论、现代控制理论和智能控制理论。根据控制内容可分为横向控制、纵向控制以及横纵向耦合控制。汽车的经典控制理论主要是依据几种稳定性判据，如 Lyapunov 等方法对系统进行稳定性分析，应用广泛；汽车的现代控制理论是经典控制理论的发展，它建立在状态空间法这一前提条件，由于汽车是一个非线性的系统，引入非线性控制方法可以明显改善控制效果，此外可建立汽车的动力学状态方程，由矩阵理论判断系统是否可控；汽车的智能控制理论是最新的研究阶段，也是学界讨论的热点之一，发展迅速。其中，模糊控制是以模糊集合理论和模糊数学为基本思想和基础的控制方法。它利用多值模糊逻辑和人工智能要素（推理原则）来模仿人的思维及反应，不依赖于对象的数学模型，而是通过输入、输出的信息，利用先验知识进行模糊化推理。另一方面，人工神经网络（Artificial Neural Network，ANN）简称神经网络（Neural Network），是人工智能研究领域兴起的研究热点，它是从信息处理的角度对人类大脑的神经细胞进行抽象分析，建立模型，以不同的连接方式组成各种网络。而人工神经网络依据网络的连接方式、权重值和激励函数的不同，可以分为不同类别。

目前关于循迹控制的大量研究，主要是采用 Mac Adam 等和郭孔辉等提出的最优预瞄控制理论，总的来说，均是假设短时间内纵向速度稳定不变或缓慢变化，对车辆的动力学进行横纵向的解耦，从而分别控制两个方向的轨迹跟踪。有学者基于此，分别利用人工神经网络、滑模控制和模糊控制的方法，对横向控制进行研究，并取得理想的控制效果。而纵向控制一般用于自适应巡航，保持安全稳定的车速，部分文献中采取最优 LQR 控制方法、滑变模糊控制和一种分级模糊控制器的方法，将智能控制方法应用到纵向控制中，具有超调量小、更加快捷、平稳的优点。

第二节　横纵向综合控制技术

一、解耦控制法

智能网联汽车控制系统应用的横纵向综合控制技术中，重要的一部分就是解耦控制法。在汽车控制系统这种多变量的系统中，其系统控制回路必然存在着相互耦合的关系，所以必须要对多变量系统进行解耦控制。具体来说，将多变量系统解耦为单变量系统来控制是一种较好的解决办法。根据解耦的程度，解耦可分为全解耦和近似解耦；根据解耦的时间特性，解耦又可分为静态解耦和动态解耦。对于确定的线性多变量系统，可采用对角矩阵法、相对增益分析法、反 Nyquist 曲线法、特征曲线分析法、状态变量法、序列回差法等传统的解耦方法进行控制。

但是智能网联汽车控制系统存在着多变量、强耦合、非线性、动态特性变化大、运行工况变化频繁等诸多特性，传统的解耦方法难以适用，因而需要采用新的多变量解耦控制方法，把自适应控制、模糊控制与解耦控制相结合并用于多变量系统中，就形成了多种解耦控制方法。一般来说,常用的解耦控制法有模糊解耦控制法和自适应解耦控制法。

(一)模糊解耦控制法

模糊解耦控制的突出优点之一在于其不敏感性,尤其适用于不确定的系统。目前常用的模糊解耦控制主要有两种方法:直接解耦法和间接解耦法。

1. 直接解耦法

直接解耦法是先对控制对象进行解耦,然后针对解耦而成的各单变量过程进行模糊系统的设计。对于模糊系统的串联解耦补偿,以双输入双输出对象为例,构造串联解耦补偿系统如图6-4 所示。

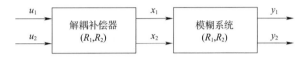

图6-4 串联解耦补偿系统

图6-4 中,串联解耦补偿器也是一个模糊关系系统,解耦目标是使得y_1只受到u_1的影响,y_2只受到u_2的影响。适当确定解耦补偿器(R_1,R_2),有可能达到解耦的目的,但解耦补偿器的结构和参数是采用经验试凑法离线确定的,没有通用算法,很难实现完全解耦。

针对模糊控制器的直接解耦法,仍然要求操作人员对受控对象认识模糊信息的归纳和操作经验的总结,建立一组模糊控制规则或控制查询表,这在实际应用中是很难实现的。该模糊解耦控制算法适应性强、稳定性好,且设计思想简洁,对智能网联汽车控制系统能很好地起解耦控制作用。

2. 间接解耦法

间接解耦法是对控制器进行解耦。它既能快速跟踪设定值,又能消除各变量之间耦合的影响,获得良好的控制效果。但是要求已知一组多维模糊控制规则,这给实际应用带来了很大困难。有代表性的是对多变量模糊控制解耦规则进行子空间的分解,用一组二维模糊方程描述多维模糊控制规则,认为m输入n输出的多变量系统可用模糊关系式(6-3)来描述:

$$y_i = \bigwedge_{k=1}^{m} x_k \times R_{kj}, j=1,2,3,\cdots,n \qquad (6-3)$$

该系统包含$m \times n$个功能模块,$m \times n$个内部信号,m个支点和n个连接块。其结构如图6-5 所示。

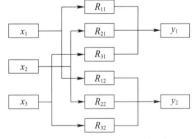

图6-5 多变量模糊控制系统结构图
(3 输入2 输出)

用这种方块图表示多变量模糊控制系统的优点是:能很方便地将整个控制系统的各个组成部分按照模糊方程连接起来,易于观察各部分对整个系统性能的影响。方块图中包含相关信号的信息,但不具体表示系统的物理构成。

因此,许多本质不相关的系统可用相同结构图来表示,并且易于在计算机上实现。这种方法降低了对计算机内存的要求,减少了计算量。该方法用于有强耦合的系统,能较好地减弱变量之间的耦合程度,取得较好的控制效果。但系统不能进行完全解耦。

(二)自适应解耦控制法

多变量自适应解耦控制研究的是参数未知的线性多变量系统和随机多变量系统。多变量自适应解耦控制系统同自适应控制系统一样,是一个时变的非线性系统,或时变的非线性随机系统。

下面介绍几种常见自适应解耦控制算法的特点、应用情况及效果。

1. 极点配置自适应解耦控制

极点配置自适应解耦控制算法,首先采用前置解耦补偿对其进行解耦设计,然后应用传统的极点配置法对解耦后的单输入单输出系统进行控制。其优点是在前置解耦器的设计中避免了不稳定的零极点对消,保证了系统的稳定性,使在线计算量大幅度减小并能跟踪有界输出。其缺点为由于要求零极点精确相消,使参数估计要收敛到真值,实现起来算法较复杂。该方法在工业过程控制中有广泛的应用,能有效抑制可测干扰,有较强的鲁棒性,系统可实现完全解耦。

2. 基于广义最小方差的多变量自适应开环解耦控制

该算法将开环解耦补偿器与广义最小方差自校正相结合设计控制器,对于具有一般交互矩阵的随机多变量系统可实现自适应解耦控制。其优点是可直接在线辨识控制器参数,从而避免了开环解耦控制算法需要分离不稳定零点的问题,便于进行计算。其缺点是难于在分布式计算机控制系统中实现。实践表明,应用该方法具有良好的适应条件变化的能力,使调节时间缩短、超调量减小,既可节能,又可保证质量。系统能实现完全解耦,跟踪也是无余差的。

3. 基于前馈控制的自适应闭环解耦控制

该算法将前馈控制与广义最小方差控制相结合,对具有任意传输时延结构的随机多变量系统实现了自适应解耦控制。实验表明,应用该法可消除各段间的相互耦合作用,获得良好的控制效果,系统可实现近似动态解耦。

4. 基于广义预测控制的多变量自适应解耦控制

广义预测控制采用多步预报、滚动优化方法,从而获得较好的动态控制品质和更强的鲁棒性,将前馈解耦控制与广义预测的思想相结合,实现了广义预测自适应解耦控制。该方法适合于在分布式计算机控制系统上实现广义预测控制。

该方法表现出建模的简易性和控制的鲁棒性,取得了好的经济效益,但系统只能达到近似解耦。

5. 多变量PID自适应解耦控制

该算法是多变址自适应解耦控制与PID控制的结合,具有鲁棒性好、结构简单、易于实现、稳定性好、收敛性好等优点。该法可实现静态解耦,消除了跟踪误差。

在不确定的多变量解耦控制系统中,还出现了将自适应解耦控制、神经网络控制以及模糊控制等几种不同方法融合在一起的设计方法;还有的以神经网络解耦、模糊解耦为基础,引入遗传算法、粗糙度理论、混沌理论、小波技术等构成复合性智能解耦控制。

总而言之,应用于智能网联汽车的动态模型非常复杂,边界条件和行驶工况也在不停变化和波动,所以利用解耦控制法进行控制必须要研究其工程化的可能性,解耦控制法还有很多可以深入研究的地方,也需要根据具体系统的运行进行判断和分析。

二、直接搜索法

应用在电动汽车横纵向综合控制的很多优化问题,通常包含复杂的约束条件,其目标函数可能是非线性、非连续、不可微或随机函数(因环境噪声而导致目标函数值具有不确定性,即使在相同的约束条件下,每次得到的测量值也可能不同)。因此,需要进行多重优化:约束条件既可以是线性或非线性函数,也可以是离散变量集,甚至是黑盒函数(例如,由程序代码生成的值集合);约束变量也可能是包含连续、离散或分类值的混合变量。这些复杂的情况,使得没有任何导数/梯度信息可供利用(因为随机噪声的影响,甚至连对梯度的估计也可能是不正确的),因而无法利用现有的凸优化技术进行求解,这时就需要对模式搜索法进行深入研究,采用契合电动汽车控制系统的直接搜索法。

传统非线性优化分析,通常依赖于对 n 维空间目标函数 f 的 Taylor 展式逼近。如拟牛顿法,假设一阶和二阶导存在,用二阶 Taylor 展式对 f 局部二次逼近;最速下降法,假设一阶导存在,用一阶 Taylor 展式对 f 线性逼近。0 阶方法如直接搜索法,则不需要导数计算和对目标函数 f 的逼近。

所有导数无关法(derivative free)均不依赖于 Taylor 展式。然而,当连续迭代过程仅需根据目标函数值相对大小来选择新的迭代点,而不必保证充分下降条件时,才是直接搜索法。

直接搜索法有以下优点:
(1)启发式搜索,便于实施;
(2)不需要计算方向导数或对梯度的有限差分近似;
(3)可以解决传统方法不能求解的大多数非线性规划问题;
(4)可以作为传统方法如拟牛顿法等的热起点(hot start),以保证算法的局部收敛性。

直接搜索法有如下划分:单纯型直接搜索法(Sim-plex)及其扩展;模式搜索法(Pattern Search)如多向搜索 MDS、广义模式搜索 GPS、广义混合变量规划 GMVP;网格自适应直接搜索如 MADS 等。

(一)单纯型直接搜索法

1957 年,Box 提出基于目标函数值比较的进化操作算法(evolutionary operation)。1962 年,Spendly、Hext 和 Himsworth 提出单纯型搜索法。与早期的直接搜索法每次迭代需要 $2n \sim 2^n$ 个函数值估计不同,单纯型搜索法仅仅需要 $n+1$ 个函数值估计,就可确定下降方向。显然,n 维空间的 $n+1$ 个点可确定一个平面,且仅需 f 在 $n+1$ 个点的值,就可以通过有限差分来估计 $\nabla f(x)$,由此可得到 $n+1$ 个点的单纯型。单纯型搜索法的基本思想是:在 R 上构造非退化的单纯型,并在当前点所在的单纯型各顶点方向搜索,"非退化"保证与任意顶点相邻的边集构成 R 的线性集。

单纯型迭代中最重要的变换是反射(Reflection)。参见图 6-6 中"①",假设点 1 是最优点,算法将最坏点 2 沿其对应面中心点 4 反射,得反射点 5;若点 5 仍然是最坏点,选择次坏点 3,重复上述过程。显然,最坏点将沿着其余顶点的中心方向移动,以期望获得目标函数值有所改善(相对于当前最优点严格下降)的新迭代点。

上述迭代过程得到的反射序列,若最终返回起始点,但没有替换原始最优点 X_k,则 X_k 是一个局部平稳点。此时,迭代易陷入无限循环,需要缩短最优点的相邻边长度,再次搜索,或借助于其他高阶方法以加快局部收敛。

改进单纯型法由 Nelder 和 Mead 于 1965 年提出(如图 6-6 中②~④)。新的变换如缩小(Shrink)、收缩(Contraction)、膨胀(Expansion),可以加速迭代收敛,并且避免陷入局部最优点。Nelder-Mead 单纯型法是典型的直接搜索法,在实际问题中应用广泛。然而,该方法也可能失效(收敛到非平稳点),特别是针对高维空间问题,难以证明其全局收敛性,因此,无法当作一般化的方法使用。

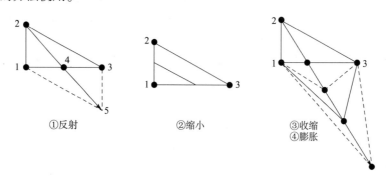

图 6-6　单纯型及其改进算法的主要变换示意图

在 Nelder-Mead 单纯型搜索基础上,Torczon 于 1989 年提出多向搜索 MDS。在每次迭代完成后,通过调整尺度参数(Scale)以排除反射和膨胀所造成的单纯型形状的改变,并更新基矩阵 B_{k+1}(从而更新搜索模式)。MDS 能保证迭代的全局收敛。对 MDS 的收敛性已进行了详细的分析和研究。

(二)模式搜索法

1959 年,Davidon 提出坐标搜索,也称轴松弛(axial relaxation)或局部扰变(local variation)等。算法从当前迭代中心点 x_k 开始,沿坐标方向的 $2n$ 个试探点搜索。只要找到改善点 $[f(x_{k+1})<f(x_k)]$,则以 x_{k+1} 为新中心点,重复迭代。最坏情况下,$2n$ 个试探点都已搜索完毕,尚未找到改善点,则缩短步长 Δk(step size),在当前中心点 x_k 继续搜索。

1961 年,Hooke 和 Jeeves 引入直接搜索,提出基于坐标搜索法变种的模式搜索,目的是通过成功迭代的步长模式(pattern)改进,加速算法收敛。

模式搜索法是对当前搜索点按固定模式和步长 Δk 探索移动(exploratory moves),以寻求可行下降方向(非最速下降方向)的直接搜索法。迭代过程只要找到相对于当前点的改善点,则步长递增,并从该点开始进入下一次迭代;否则步长递减,在当前点继续搜索。

若 x_k 迭代成功,则下次迭代从临时点 $x' = x_k + (x_k - x_{k-1})$ 开始,其中 $(x_k - x_{k-1})$ 为模式步长,以期望顺着方向 $(x_k - x_{k-1})$ 能获得比在 x_k 更好的解。不管是否有 $f(x')≤f(x)$,坐标搜索都在 x' 展开。若 x' 坐标搜索成功,置 $x_{k+1} = x'$,并从 $x_k + 1$ 开始新的迭代;否则,坐标搜索在 x_k 展开。若在 x_k 不成功,则坐标搜索在 x_{k-1} 展开,并且步长减半($\theta = 1/2$)。若在 x_{k-1} 仍然不成功,回溯并重复上述过程。

模式搜索的收敛分析早期由 Polak、Céa 和 Ber-man 进行了研究。Polak 的研究表明:模式搜索法在步长递减之前,仅可能产生迭代序列 $\{x_k\}$ 的有限个中间点。因此,迭代过程不会阻塞于任何一个中间点,序列 $\{x_k\}$ 最终必然收敛到全局平稳点 x'。

(三)自适应直接搜索法

尽管模式搜索如 GPS 或 GMVP,可以在每个迭代点通过足够多的方向进行搜索,解决很多非线性优化问题。然而针对混合变量和多约束条件优化,在临近约束边界时往往无法保证一定能找到合适的下降方向。网格自适应直接搜索 MADS 对 GPS 类算法进行扩展,以允许局部探索(local exploration)或方向筛选(poll)。MADS 是介于 GPS 和帧(frame)方法之间的一类直接搜索算法。

GPS 类算法仅允许有限搜索方向(取决于基矩阵的选择)。MADS 的局部探索则允许优化变量在限制约束空间的一个紧致集进行方向选择,因此避免了 GPS 类算法陷入边界局部极小的问题,这也是 MADS 和 GPS 的最大不同之处。MADS 解决了迭代搜索过程的两大基本问题:一是步长筛选(poll size);二是方向筛选(poll direction)。因此,MADS 更可能得到全局最优解。

三、深度学习法

深度学习是目前人工智能领域非常热门的研究方向,应用深度学习法也可以解决智能网联汽车横纵向控制技术中的诸多难题。深度学习所研究的目的一般是为了解决马尔可夫决策问题。可使用深度学习这一机器学习领域常用的方法,解决车辆自主行驶系统中的智能控制问题,这就需要对使该车辆自主行驶的车辆智能控制问题进行建模。首先使用马尔科夫模型对智能控制问题进行分析与模型化,去探索环境模型、车辆的动作空间等马尔科夫建模过程中必要的一些问题。

在车辆自主行驶系统的场景中,控制车辆的指令可以由当前车辆的环境表达(如车辆周围的图像)、车辆的状态表达(如当前车辆的速度、朝向)以及自主行驶系统的智能决策决定,即该问题不需要使用历史环境以及状态表达作为必要的条件。如果满足上述要求,则我们所研究的就是一个马尔科夫问题,就可以使用马尔科夫模型对该问题加以描述。车辆可以根据每一次状态信息,进行车辆的加速、制动、转向盘旋转控制,从而使车辆能够完成智能决策给出的指令。

可将车辆的自动驾驶控制问题进行分解,分解出多个马尔科夫问题,分别是:道路保持、左侧变道、右侧变道、左转弯、右转弯以及路边停车。在深度学习四元组中,上述分解出的几个问题拥有不同的环境、不同的状态转移矩阵以及不同的反馈,这就需要我们对应不同的问题构建不同的环境模型以及反馈公式。但是这几个问题拥有相同的动作,所以需要设计一个通用的动作空间以便实现简化算法。

综上所述,应构建一个可模拟不同场景,针对不同场景给出不同环境模型的车辆行驶仿真环境;针对不同的场景设计不同的反馈公式;设计一套在每一个场景中通用的动作。

不同的行驶场景包括道路保持、左右变道、左右转弯、路边停车,均需要完成对车辆运动的建模、车辆仿真训练与测试、整体回报函数设计。

首先,需要对车辆的运动也就是车辆的动作进行建模与发出控制信号。为了使问题简单化,本书将车辆的动作空间分解为横向控制以及纵向控制两部分对车辆进行连续的运动控制。其中,横向与纵向是指在以车辆本身为坐标原点,车辆正前方为竖直坐标轴正方向的二维坐标系中的方向。在横向控制部分,将使用转向盘的转角对车辆在横向进行控制;在纵向控制部分,将加速与制动合并为一个向量,该向量为正代表加速的量,即加速度量,该向量为负代表制动的量,即减速度量,该向量为 0 代表在车辆纵向上不进行任何控制。

其次,可将车辆在行驶仿真环境中进行训练与测试。在仿真环境中,将获取车辆上安装的摄像头拍摄的图像、车辆的速度以及智能决策信息作为状态信息。其中，车辆的摄像头将装设在车辆的前、后、左、右四个方向，获取图像都是分辨率为 210×160 的三通道彩色图像；车辆的速度将使用以 km/h 作为单位的向量来表示；决策信息将使用 0~5 的数字分别表示道路保持、左变道、右变道、左转弯、右转弯、路边停车等六种决策。上述图像、速度、决策信息将作为深度学习问题的状态 S 输入深度学习神经网络模型。

最后，需要基于智能控制对整体回报函数进行设计。深度学习神经网络模型根据回报值指导训练，回报系统需要与训练目标一致，回报值与训练目标的正比关系越强，训练的目标越明确，对于深度神经网络的训练时间也越短。

为实现车辆的智能控制功能，车辆要根据当前行车环境图像、速度、决策控制车辆的行进，使得车辆能够完成决策所描述的操作。根据上述特点，针对不同的决策设计不同的评分规则，确保每一个决策所描述的动作都能通过正确的评分规则给出反馈，其中：

(1) 对于道路保持决策而言，希望车辆能够保持在车道中间，并且与前方车辆保持距离，在前方车辆紧急制动时能同步紧急制动，在侧方有车辆并线时安全避让，并将其作为新的前方车辆。所以针对该决策的评分规则可以描述如式(6-4)所示：

$$M_{score} = \frac{a \times Frob + b \times \cos(CaRoDe) \times v}{c \times CenDis} \tag{6-4}$$

式中：$Frob$——车辆前方障碍物距离；

$CaRoDe$——车辆当前朝向与道路中线切线的夹角；

v——车辆速度；

$CenDis$——车辆中点与道路中线的最短距离；

a——$Frob$ 的权重；

b——$\cos(CaRoDe) \times v$ 的权重；

c——$CenDis$ 的权重。

(2) 对于左右变道决策而言，希望车辆能够在完成道路保持的基础上，选择合适的时机完成变道行为，其行为的优劣取决于变道时与前方车辆、后方车辆的距离，变道所花费的时间以及在变道后与车道的角度和位置。所以针对该决策的评分规则可以描述如式(6-5)所示：

$$C_{score} = \frac{a \times BRO + b \times \cos(CaRoDe) \times v}{c \times CenDis + d \times time} \tag{6-5}$$

式中：BRO——车辆与当前道路、准备变道道路的前后方障碍物的最短距离；

$CaRoDe$——车辆当前朝向与准备变道的道路中线切线的夹角；

v——车辆速度；

$CenDis$——车辆中点与准备变道的道路中线的最短距离；

$time$——到目前为止所花费的时间；

a——BRO 的权重；

b——$\cos(CaRoDe) \times v$ 的权重；

c——$CenDis$ 的权重；

d——$time$ 的权重。

(3) 对于左右转弯决策而言，希望车辆能够在完成道路保持的基础上，选择合适的时机以及速度完成转弯,其行为的优劣取决于转弯后与道路的夹角,完成转弯的时间。所以针对该决策的评分规则可以描述如式(6-6)所示:

$$T_{score} = m \times M_{score} + t \times \frac{a \times OA + b \times \cos(CaRoDe) \times v}{c \times CenDis + d \times time} \tag{6-6}$$

式中:OA——车辆附近障碍物的最短距离;

$CaRoDe$——车辆当前朝向与转弯后道路中线切线的夹角;

v——车辆速度;

$CenDis$——车辆中点与转弯后道路中线的最短距离;

$time$——到目前为止所花费的时间;

a——OA 的权重;

b——$\cos(CaRoDe) \times v$ 的权重;

c——$CenDis$ 的权重;

d——$time$ 的权重;

m——M_{score} 的权重;

t——$\frac{a \times OA + b \times \cos(CaRoDe) \times v}{c \times CenDis + d \times time}$ 的权重。

(4)对于路边停车决策而言,希望车辆能够在行驶过程中选择合适的时机与位置完成路边停车,其行为的优劣取决于停车时与路边的距离以及与道路的夹角,停车所花费的时间。所以针对该决策的评分规则可以描述如式(6-7)所示:

$$S_{score} = m \times M_{score} + s \times \frac{a \times FBO + b \times \cos(CaRoDe)}{c \times SidDis + d \times time + e \times v} \tag{6-7}$$

式中:FBO——车辆当前道路前后方障碍物的最短距离;

$CaRoDe$——车辆当前朝向与当前道路中线切线的夹角;

v——车辆速度;

$SidDis$——车辆中点道路边缘的最短距离;

$time$——到目前为止所花费的时间;

a——FBO 的权重;

b——$\cos(CaRoDe) \times v$ 的权重;

c——$CenDis$ 的权重;

d——$time$ 的权重;

e——v 的权重;

m——M_{score} 的权重;

s——$\frac{a \times FBO + b \times \cos(CaRoDe)}{c \times SidDis + d \times time + e \times v}$ 的权重。

第三节 基于预测控制的控制策略研究

一、预测控制概述

20 世纪 70 年代后期,一类新型的计算机控制算法出现在美法等国的工业过程领域,如动态矩阵控制（Dynamic Matrix Control，DMC）、模型算法控制（Model Algorithm Control，MAC）。1987年，首次有学者阐述了该系列算法的动因、机理及其在控制工业中的控制效果。自此，预测控制（Predictive Control）开始出现在控制领域中。

预测控制是直接从工业过程控制中产生的一类基于模型的新型控制算法，最初由 Richalet 和 Cutler 等人提出。由于它最大限度地结合了工业实际的要求，综合控制质量高，因而很快引起了工业控制界以及理论界的广泛兴趣和重视。目前，预测控制在理论和实践方面都取得了显著的进展。

目前提到的预测控制，包括工业控制、自适应控制及内模控制等多方面研究成果，统称为模型预测控制（Model Predictive Control，MPC），或基于模型的控制（Model-based Control），其应用范围也早已超出了过程控制领域，转而应用到机器人、飞行器、网络系统等更高新的领域内。

模型预测控制是一种基于模型的闭环优化控制策略。预测控制发展至今，已形成了公认的三大方法机理：内部模型、参考轨迹、控制算法。现在一般则将其更清楚地表述为预测模型、滚动优化、反馈校正。一个控制算法，只有具备这三项基本原理，才能称之为预测控制。预测控制的机理表明其是一种开放式的控制策略。它体现了人们在处理带有不确定性问题时的一种通用思想方法。

大量的预测控制权威性文献都无一例外地指出，预测控制最大的吸引力在于它具有显式处理约束的能力，这种能力来自其基于模型对系统未来动态行为的预测，通过把约束加到未来的输入、输出或状态变量上，可以把约束显式表示在一个在线求解的二次规划或非线性规划问题中。

模型预测控制具有控制效果好、鲁棒性强等优点，可有效地克服过程的不确定性、非线性和并联性，并能方便地处理过程被控变量和操纵变量中的各种约束。

经典的模型预测控制的控制流程如图6-7所示。

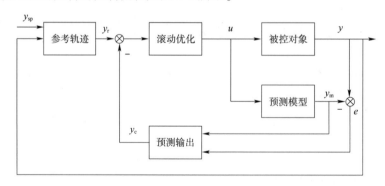

图6-7 经典模型预测控制流程图

y_{sp}-系统的设定输出；y_r-参考轨迹；u-输入；y-实际输出值；y_m-模型输出；y_c-预测输出

预测控制源于最优控制。预测控制的基本概念是利用动态模型对系统行为进行预测，并对预测进行优化来产生当前控制运动的最佳决策。因此，模型是预测控制的核心。由于最优控制动作取决于动态系统的初始状态，预测控制的第二个基本概念是利用过去的测量记录来确定系统最可能的初始状态。

状态估计问题是检查过去数据的记录，并将这些测量结果与模型进行协调，以确定当前状态的最可能值。调节问题和估计问题都涉及动态模型和优化。调节问题是用模型预测来产生最优控制动作,而估计问题是用测量的过去记录来产生最优状态估计。

预测控制的优化模式具有鲜明的特点,它的离散型式的有限优化目标以及滚动推进的实施过程,使其在控制的全过程中表现为动态优化,而在每一步的控制中表现为静态的参数优化,即在每一控制周期确定有限控制参数:$u(k),u(k+1),\cdots$,以满足性能指标最优。这种静态优化求解的特点允许采用多样化的控制目标函数及约束条件。因此,可根据实际过程的控制需要构造相应的目标函数,并方便地考虑各种约束条件,然后运用最优化算法来求解这一静态优化问题,实现约束预测控制。预测控制是唯一能在控制器设计过程中系统地、显式地处理过程约束的方法。

从原理上讲,预测控制的优化目标函数及约束条件具有开放性,但对于具体目标函数和约束条件,能否求解则取决于是否存在相应有效的最优化算法。预测控制融约束、目标于一体,允许构造贴近工业实际的优化目标函数和约束条件。目前,商品化的大型预测控制软件包,已充分利用了这一特点,基本实现了复杂工业环境下的有约束、多目标、多自由度的优化控制。

二、预测控制算法

(一)预测模型

输出预测需要模型。这个模型表示被控过程的动特性,被安装于预测控制器的"存储器"中,控制器在线地使用这个模型进行预报,因此,也称其为"内部模型"。预测模型具有开放性和多样性,它只强调模型的预测功能。因此,只要是具有预测功能的模型,不论其有什么样的表现形式,都可以作为预测模型。

早期的预测控制算法一般基于非参数模型,如模型算法控制(MAC)基于有限脉冲响应模型(FIR),动态矩阵控制(DMC)使用有限阶跃响应模型(FSR)。这类非参数模型建模十分容易,通过脉冲响应测试或阶跃响应测试即可得到,因而无须考虑模型结构及阶次,过程纯滞后很自然地包含在模型之中,特别是易于表示动态响应不规则的对象特性。由于非参数模型具有这些优点,因此,目前商品化的预测控制软件包大多数采用的是非参数模型,如IDCOM(Setpoint 公司)、DMC(DMC 公司)、QDMC(Sell 石油公司)、PCT(Profimatics 公司)等。但非参数模型一般只适用于自衡对象,而且,当过程时间常数较大时,需要的模型参数较多,使控制计算量增大,若引入自适应参数估计器,则计算量会更大。

另一类由经典自适应控制算法发展起来的预测控制算法,则采用易于在线辨识的CARMA模型或CARIMA模型,后者可以自然地引入积分作用。这类模型恰好克服了非参数模型的缺点。FIR、FSR、CARMA和CARIMA模型可以统一用式(6-8)所描述的模型表示:

$$y(k) = \frac{q^{-d}B}{A}u(k-1) + \frac{C}{D}e(k) \tag{6-8}$$

式中:A、B——对应平面的多项式;

C、D——设计者选定的已知多项式;

$y(k)$——第 k 步长的过程输出;

$u(k-1)$——第 $(k-1)$ 步长的控制输入;

$e(k)$——第 k 步长的扰动;

q^{-1}——延迟算子;

d——延迟参数。

其中,多项式的阶是任意的,多项式 C 和 D 可以由设计者选定。

预测控制中,还有一类用得较多的模型是状态空间模型。采用状态空间模型,能方便地描述系统内部的状态,并可在控制器设计时有效地利用这些状态信息,以改善控制性能。但在一般情况下,状态空间模型的获取比较困难,从而限制了这类预测控制器的广泛应用。

有研究者把基于以上三类模型的预测控制分别称之为"Model Predictive Control (MPC)""Generalized Predictive Control (GPC)"和"Receding Horizon Control (RHC)",并统称为"Receding Horizon Predictive Control (RHPC)"。

除了以上三类常用的模型外,还可以使用连续时间模型、各种非线性模型、模糊模型和神经网络模型等设计预测控制器。

(二)输出预测

控制器只能影响过程未来的输出和状态。因此,试图"显式地"控制过程未来输出的预测控制器需要知道过程变量的未来预测值。

过程未来输出预测 $\hat{y}(k+i)$ 一般由两部分构成:第一部分是假定未来控制增量为零(或未来控制量恒定)时过程输出的自由响应。它只与过去已知的信息有关,因此,可以通过非线性模型产生。第二部分是代表现在和未来将施加于系统,影响系统未来行为的控制增量所产生的强迫响应。当然,如果已知过程的扰动模型,并且扰动可测,则扰动的影响也可在输出预测中反映。

基于非参数模型的输出预测是简单的,例如对于 FIR 模型,输出预测如式(6-9):

$$\hat{y}(k) = \sum_{i=1}^{p} h_i u(k-i) \quad (6-9)$$

式中:$\hat{y}(k)$——第 k 步长的系统预测输出;

$u(k-i)$——第 $(k-i)$ 步长的系统输入;

h_i——系统受到单位脉冲输入后的采样输出;

i——输出预测步长;

p——输出预测总步长。

基于参数化的 I/O 模型的输出预测,大多采用递推求解 Diophantine 方程得到。另一种方法是模型递推,即直接根据系统模型自身包含的一步递推预报关系,重复地加以利用,依次得出诸个多步预报值。由这种方法所得计算结果与递推求解 Diophantine 方程的结果相同,但计算量可减少很多。有研究者提出非最小有限脉冲响应输出预测方法(NFIR)。该预测器具有 IFR 滤波器结构,但并不产生 IFR 模型带来的截断误差,也不需要解 Diophantine 方程,它可以与预测控制策略结合起来,形成预测控制器。

(三)约束条件

在实际控制中,约束是难以避免的,如产品质量指标要求、执行机构的物理限制或出于安全性考虑的要求。当实际被控制过程受约束时,使用无约束控制器将会降低闭环系统性能,或产生不期望的响应,这在多变量控制场合尤其如此。因此,目前商品化的预测控制软件几乎都考虑了约束。

实际过程中的约束可分为硬约束(Hard Constraints)和软约束(Soft Constraints)。硬约束是那种总是必须使其满足的约束,如操作变量的上、下限约束。软约束是在系统满足硬约束之后,所希望的一种操作状态的约束,例如,希望操作变量靠近比较经济的"设定点"。如果一个过程约束比较多,系统调节自由度小,那么可以将约束按优先级进行排序,当最优化算法找不到可行解时,则按顺序依次释放优先级别最低的约束,直至找到可行解。

对操作变量、输出变量和状态变量的约束常用的有幅值约束、速率约束,有时也用加速度约束。以操作变量为例,这些约束表示如下。

(1) 幅值约束:

$$u_{\min} \leq u(k+i-1) \leq u_{\max}, i=1,2,\cdots,M$$

(2) 速率约束:

$$|\Delta u(k+i-1)| \leq V_{\max}, i=1,2,\cdots,M$$

(3) 加速度约束:

$$|\Delta u(k+i-1) - \Delta u(k+i-2)| \leq r_{\max}, i=1,2,\cdots,M$$

由上可见,不仅要对变量当前值进行约束,同时也对未来值进行约束。对一个具体问题来讲,其约束条件可以是以上几种约束的组合,当然,也可以采用其他约束条件。

(四) 目标函数

预测控制中使用的优化目标函数一般可归纳为如下三类。

1. 二次型目标函数

二次型目标函数是使用率最高的目标函数,见式(6-10):

$$J_1 = \sum_{i=1}^{p}[\hat{y}(k+i) - \omega(k+i)]^2 + \sum_{i=1}^{M}\lambda_i[\Delta u(k+i-1)]^2 \to \min \tag{6-10}$$

式中:$\hat{y}(k+i)$——第$(k+i)$步长的系统预测输出;

$\omega(k+i)$——第$(k+i)$步长的系统实际输出;

$\Delta u(k+i-1)$——第$(k+i-1)$步长的系统扰动;

λ_i——第$(k+i-1)$步长对应的调整参数;

p——输出预测总步长;

M——扰动预测总步长;

i——输出预测步长;

J_1——二次型目标函数性能指标。

无约束时,使用二次型目标函数可以得到控制器的解析解。二次型的目标函数种类很多,因而基于二次型目标函数的预测控制器也各式各样。

2. 一范数目标函数

式(6-11)为一范数目标函数的基本形式:

$$J_2 = \sum_{i=1}^{p}\sum_{j=1}^{r}|\hat{y}_j(k+i) - \omega_j(k+i)| \to \min \tag{6-11}$$

式中:$\hat{y}_i(k+i)$——在采样时间次序j时第$(k+i)$步长的系统预测输出;

$\omega_j(k+i)$——在采样时间次序j时第$(k+i)$步长的系统实际输出;

p——输出预测总步长;

r——采样时间总次序;

i——输出预测步长；

j——采样时间次序；

J_2——一范数目标函数性能指标。

如果对象模型与约束也是线性的，则这一优化问题可采用线性规划（LP）方法求解。

3. 无穷范数目标函数

式（6-12）为无穷范数目标函数的基本形式：

$$J_3 = \max |\hat{y}_j(k+i) - \omega_j(k+i)| \to \min$$
$$i = 1, 2, \cdots, p \tag{6-12}$$

式中：$\hat{y}_j(k+i)$——在采样时间次序 j 时第 $(k+i)$ 步长的系统预测输出；

$\omega_j(k+i)$——在采样时间次序 j 时第 $(k+i)$ 步长的系统实际输出；

p——输出预测总步长；

j——采样时间次序；

J_3——无穷范数目标函数性能指标。

显然，这一优化要使优化时域中所有输出的最大可能偏差取极小。由于无穷范数目标函数式具有线性形式，只要对象模型与物理约束也是线性的，像一范数目标函数式一样，也可采用 LP 方法求解。

三、基于预测控制的电动汽车控制策略

传统的 PID 算法等多以车距控制为主要目标，即重点考虑电动汽车在行驶过程中的安全性，而相对较少考虑舒适性、经济性等需求。本书的研究对象是基于模型预测控制框架的电动汽车控制策略，其控制目标是使车辆在行驶过程中能够平稳地循迹行驶，与前车保持安全距离，同时能够兼顾乘坐舒适性，减少车辆消耗的能量，对多个控制目标进行动态协调优化。为此，选取电动汽车行驶过程中的经济性、安全性、舒适性作为电动汽车控制系统的性能指标，对其分别进行分析设计，并且对系统的输入输出进行约束，得出综合性能指标函数。

（一）经济性指标

经济性指标主要是对车辆在行驶过程中的能量消耗情况进行描述，以对其进行优化，提高车辆在行驶过程中的经济性。相关文献研究表明，传统车辆在跟随前车行驶的过程中，车辆纵向加速度对燃油消耗有很大的影响，尽量减少行驶过程中的急加速和急减速过程，降低车辆纵向加速度与加速度变化率的幅值，可以有效地提升车辆的燃油经济性。因此，在经济性指标中，为减少车辆在巡航过程中的能量消耗，应尽量降低车辆的纵向加速度和加速度变化率。

为利用加速度量化电动车辆的经济性指标，清华大学党睿娜等在定性分析的基础上，定量分析了电动车辆能耗与加速度水平的关系，分析得出电动车辆加速度与其能耗成近似线性关系，并提出用加速度表征电动车辆经济性的方法。因此，本书选择车辆加速度和期望加速度变化率作为经济性指标的量化特征参数，定义经济性指标如式（6-13）所示：

$$J_E = w_a a_r^2 + w_{du} \Delta u_r^2 \tag{6-13}$$

式中：J_E——经济性指标；

w_a——车辆加速度的权重系数；

w_{du}——车辆期望加速度变化率的权重系数;

a_r——车辆加速度;

u_r——车辆期望加速度。

(二)安全性指标

电动汽车控制系统对于车辆在行驶过程中的安全性必须进行严格的约束。电动汽车控制系统需要根据本车及前车的状态信息,计算出当前两车间的期望安全距离,并控制车辆使两车间的实际距离趋向于期望安全距离。

除此之外,为保障车辆在整个行驶过程中的安全性,需时刻避免本车与前车发生追尾碰撞,即保证两车间的实际距离时刻大于安全跟车距离。在本车与周围车辆处于稳定跟随状态下,安全跟车距离可采用安全车间距模型进行确定,而在处于动态调整的跟车过程中,包括制动过程,安全跟车距离并不是一个定值。避撞时间 TTC 可对制动过程中的车间安全距离进行描述,t_{TTC}表示本车保持当前行驶速度与前方车辆发生追尾碰撞所用的时间,可用式(6-14)计算避免发生追尾碰撞的安全距离。

$$d_s = t_{TTC} \times \Delta v \tag{6-14}$$

式中:d_s——制动过程车间安全距离;

t_{TTC}——碰撞时间;

Δv——两车相对速度。

综上,为满足车辆在整个行驶过程中的安全性,实际车间距离需同时考虑以上两种安全距离,对实际车间距离设置约束如式(6-15)所示:

$$d \geq d_{safe} = \max\{t_{TTC} \times \Delta v, d_{des}\} \tag{6-15}$$

式中:d——实际车间距;

d_{safe}——安全车间距;

d_{des}——期望车间距。

(三)舒适性指标

电动汽车控制系统作为一种智能辅助驾驶系统,不仅要满足车辆在巡航过程中的经济性、跟随性和安全性要求,还应充分考虑车内乘员的主观乘坐感受,即考虑车辆的舒适性指标要求。巡航系统的舒适性要求可概括为以下几点:

(1)为避免相邻车道的车辆频繁插入本车行驶车道,以及与前车保持足够的安全距离,避免引起驾驶员不适,本车与前方车辆之间的车间距误差和车速误差应满足驾驶员的期望;

(2)车辆应尽量保持匀速行驶,避免较大幅度的加减速情况出现;

(3)车辆加速度以及加速度变化的程度在一定范围之内,避免使车内乘员产生不适感。

车间距误差及车速误差在跟踪性指标中已经对其进行约束,车辆加速度和加速度变化率在经济性指标中已对其进行约束。

另对驾驶员的行为特性分析结果可知,过大的加速度和加速度变化率会使驾驶员感到明显的不适,应限制车辆的加速度和加速度变化率在一定范围内变化,对车辆加速度和控制系统的期望加速度及期望加速度变化率的大小设置约束,如式(6-16)所示:

$$a_{rmin} \leq a_r \leq a_{rmax}$$

$$a_{rmin} \leq a_{rdes} \leq a_{rmax}$$
$$\dot{a}_{rmin} \leq \dot{a}_r \leq \dot{a}_{rmax} \tag{6-16}$$

式中：a_{rmax}——期望加速度最大值；

a_{rmin}——期望加速度最小值；

$\dot{a}_{rmin}$——期望加速度变化率最小值；

$\dot{a}_{rmax}$——期望加速度变化率最大值。

(四)性能指标函数及约束条件设计

在电动汽车控制系统中，经济性、安全性和舒适性之间存在着相互影响与制约，为对其进行协调优化，求得控制系统的最佳输出，需要进行综合性能指标函数及约束条件的设计。将经济性指标、跟随性指标和舒适性指标的量化形式加权求和作为系统的综合性能指标函数，并考虑各指标约束作为综合性能指标函数的约束。多目标优化问题可转化为求取在满足约束条件下，使得综合性能指标函数值最小的加速度时间序列，从而实现系统的多目标协调优化。

电动汽车控制系统的综合性能指标函数如式(6-17)所示：

$$J = J_E + J_F = \omega_1 \Delta d^2 + \omega_2 \Delta v^2 + \omega_3 a_r^2 + \omega_4 \Delta u^2 \tag{6-17}$$

对各个性能指标的约束条件进行整理，将其作为综合性能指标函数的约束条件如式(6-18)所示：

$$d \geq d_{safe}$$
$$a_{rmin} \leq a_r \leq a_{rmax}$$
$$a_{rmin} \leq a_{rdes} \leq a_{rmax}$$
$$\dot{a}_{rmin} \leq \dot{a}_r \leq \dot{a}_{rmax} \tag{6-18}$$

将经济性、跟随性、安全性、舒适性指标求和作为综合性能指标函数。目标优化问题可以化为求取合适的加速度时间序列，使得在满足约束条件下，综合性指标为最小的解。通过调节各性能指标的权重，可以实现系统的多目标协调优化。

(五)MPC优化问题预测模型推导

根据模型控制理论，假设当前时间为k，预测时域长度为P。车辆运动模型中自车的加速度为控制变量u。则离散化后的车辆纵向运动模型状态空间方程可以化为如式(6-19)所示的预测模型：

$$x_h(k+i|k) = A_1 x_h(k+i|k) + B_1 u(k+i|k)$$
$$y_h = C_1 x_h(k+i|k)$$
$$A = \begin{bmatrix} 0 & 1 & T \\ 0 & 0 & 1 \\ 0 & 0 & -1/T \end{bmatrix} \quad B = \begin{bmatrix} 0 \\ 0 \\ K_s/T_s \end{bmatrix} \quad C_1 = \begin{bmatrix} 1 & 0 & 0 \\ 0 & 1 & 0 \\ 0 & 0 & 1 \end{bmatrix} \tag{6-19}$$

利用内点法可对上述优化问题进行求解。可以求解出满足约束条件下，使性能指标最优的期望加速度输入控制序列，根据模型控制理论，将控制序列的第一个分量输入系统，然后进入下一个采样周期的预测与优化求解。整个优化问题中包括了车辆运动模型参数、性能函数加权参数、约束条件参数、模型预测控制时间参数。

第七章 智能网联汽车测试与评价技术

第一节 智能网联汽车测试技术概述

由于智能网联汽车系统具有高度的复杂性,以及其对实时性、可靠性的要求严苛,智能网联汽车必须经过系列严格的系统级测试,达到预先制定的系列测试指标和标准,才能进行正式的使用。通过完善的系统级测试,研发人员能够在智能网联汽车系统开发的早期阶段发现系统潜在的问题漏洞,并且得到对于系统功能性缺陷和不合理性、不完备性的完整反馈,进而对智能网联汽车系统进行针对性的改进和完善,通过这样的测试—反馈迭代机制,使得该智能网联汽车系统在功能、性能、系统安全性等方面不断改善,具备较高的市场竞争力。

智能网联汽车系统构成复杂,其动力系统、电池系统、自动驾驶系统是紧密联系的,任何一个系统发生故障都会对系统整体产生巨大影响。因此,智能网联汽车测试必须涵盖每个系统状态变化对自动驾驶系统的影响。由于车辆在复杂道路环境下行驶,因此需要对行驶环境进行环境感知,并对相关的执行系统进行大量测试。

我们采用由仿真、驾驶模拟、受控场地测试和实证测试构成的测试体系,如图7-1所示。所涉及的场景库为与智能网联汽车功能相关的场景集合。

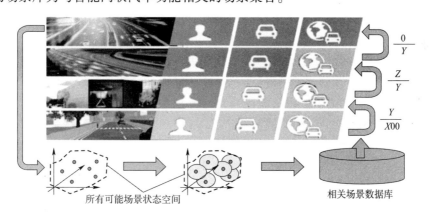

图 7-1 智能网联汽车测试方法

我们通过不断迭代精化场景数据库的方式,来构建智能网联汽车测试场景库。若某基础智能网联汽车场景库有 $X00$ 个场景,我们通过仿真测试将这 $X00$ 个场景减少到 Y 个更为相关且关键的场景,这些经筛选后的目标场景将被用于驾驶模拟器测试,深入分析驾驶员与车辆的交互。通过驾驶模拟测试后,智能网联汽车的设计可以得到优化并应用到合适的样车中。此时我们将对测试场景进行进一步筛选,将场景数量减少到 Z,这 Z 个场景将用于受控场地测试。受控场地测试结果用来对智能网联汽车的开发进行最终定型。理论上说,通过场地测试后针对该智能网联汽车的所有 X00 个场景都应该覆盖,系统必须在仿真测试、驾驶模拟测试和受控场地测试中的所有场景下都取得满意的效果。最后,所开发的智能网联汽车通过 FOT 测试进行系统的最终验证。同时,从 FOT 测试中发现的新场景,可以进一步丰富场景库,辅助智能网联汽车性能优化升级或智能网联汽车新功能的开发。

驾驶场景数据是智能网联汽车研发与测试的基础数据资源,是评价智能网联汽车功能的重要"案例库"与"习题集",是重新定义智能网联汽车等级的关键数据依据。场景数据库是所有测试评价的出发点和基础,因此场景数据库的合理构建是一项重要的基础工作。

国内最被广泛认可的道路交通场景数据库,是中汽中心联合多家车企发起的中国交通事故深入研究(CIDAS)项目。该项目通过调查研究全国的道路交通事故,来构建交通事故典型场景数据库,为汽车行业提供基础数据支持和技术服务。从 2011 年起至今,CIDAS 项目在全国覆盖六个城市的专家小组已采集了 3000 多起中国道路交通事故。量产自动驾驶汽车需要系统在应对典型工况时,确保其安全稳定性。因此自动驾驶数据集应覆盖各种路况类型、天气条件,既要覆盖事故场景,也要覆盖边角场景。在实践中,测试人员一般通过事故数据库、NDS/FOT 数据库和一些针对自动驾驶的预期工况(在实际道路中可能出现但在当前尚不能从实际驾驶环境中获得)进行场景的构建和获取。在构建的过程中,已有的研究数据库是一个重要的参考和引用数据源,它们包括大量的深度事故数据库和 NDS/FOT 项目数据库。国内这方面的数据源包括 CIDAS 深度事故数据库和国内 FOT 项目数据库。以智能网联汽车的自动驾驶功能测试为例,不论是国外的 KITTI 数据集,还是百度 ApolloScape 数据集,数据库能支持的仅是算法训练学习,场景丰富度不足以支撑自动驾驶汽车的测试评价。百度的 Apollo 数据平台虽然功能简单,但为组织数据量庞大的自动驾驶汽车测试评价场景数据库提供了很好的思路。自动驾驶场景库测试系统要具备数据平台的能力以开放给行业使用,不仅能够将数据按多个维度分门别类,提供简单的统计分析功能,方便开发者选择适合其需求的数据,也能具备数据标注功能,可以及时更新标注数据。此外,平台还应能够生成虚拟数据库,通过虚拟仿真环境及工具链进行场景复现,形成驾驶场景测试用例,对自动驾驶车辆进行测试评价。但仍要认识到,这些国内外的项目数据库的数据量和覆盖率仍需不断迭代和完善,需要不断投入大量的人力物力进行支撑。

图 7-2 描述了场景库的一般生成方法。基于现有的有限事故数据,通过有限区域的实证测试,将当前可测量的状态空间扩宽到更广的一个状态空间。通过扩大测量的数据范围,我们可以通过仿真扩大参数区间,经过研究产生一些新生场景,从而扩大我们的场景数据库。如在可测量的状态空间中,事故数据库和 FOT 数据库可通过更多的 FOT 数据进行补充。通过这样的方式可以使场景数据库的准确性得到一定提升,以自动驾驶车辆和人为驾驶车辆之间的交互为例,高等级的自动驾驶乃至真正的无人驾驶绝大部分还处于研制或测试阶段,在这些场景下车辆间的交互以及与人为驾驶车辆间的交互目前并不存在于真实的交通环境中。因此,场景数据库需要通过某种方式进行扩充,例如在没有样车的时候,通过驾驶模拟器获取自动驾驶和人类驾驶之间的交互场景,以及自动驾驶功能的边界条件(尤其是 L3 级的有限自动驾驶);当有样车后,可以在一个更为受控的测试环境(例如封闭试验场)进行测试,以获取自动驾驶与人为驾驶之间的交互场景。此外,智能网联汽车示范区是推动数据库建设的一个有力工具,利用示范区内的先行先试,可以获得更为真实的交互场景。

第七章 智能网联汽车测试与评价技术

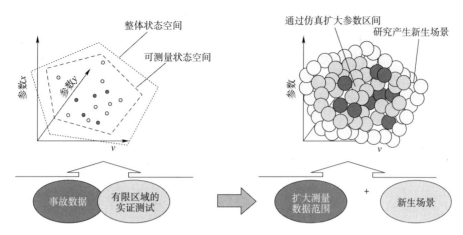

图 7-2 场景库的生成方法

另外,由于场景参数是随机的,通过实际的测试只能获取部分数据,因此通过蒙特卡洛仿真等方法可以对采集数据进行扩充,引入随机变量,如速度、路径、交通特征等参数,这会进一步增加和完善场景状态空间。

在构建场景库的过程中,我们通过仿真测试进行场景库的筛选和提炼,此外我们还通过仿真测试扩大参数空间,获得新的场景。因此仿真在测试方法中发挥着重要的作用,它的运行效率直接制约和影响着整套试验测试流程的效率。在实践中,人们往往通过并行计算等计算机领域的计算加速方法,对相关的仿真流程进行效率和性能提升。

基于上述理论描述的一套具有实际操作可行性的完整智能网联汽车测试体系如图 7-3 所示。目前,智能网联汽车测试方法主要分为仿真测试和实车测试。其中,前者又分为软件在环、硬件在环和车辆在环等多种测试方法。实车测试主要包含封闭式场地测试与开放性道路测试方法。在众多测试方法中,实车测试是最能模拟真实道路驾驶环境的一种方式,但其效率不高,且试验可重复性和灵活性不足。智能网联汽车测试和评价内容主要包括对智能网联汽车系统的传感器、执行系统、智能算法、人机交互操作界面测试以及封闭性场地测试、公路测试等项目。

对于智能网联汽车的测试,我们关注以下几个方面。

一、功能测试

功能测试是指通过模拟系统使用者的操作模式,来测试一个特点的系统,是否满足其预设的业务需求和产品特征。通过功能测试的系统代表该系统能够基本满足用户的预设功能需求。

智能网联汽车由多个复杂子系统构成,各个子系统模块都具有其特定的子功能,多个子系统模块通过紧密的协同合作共同构成完整的智能网联车系统,对外提供一致性服务。构成完整车系统的子系统各自是否具备了良好的完整车系统所需的子功能,在特定环境下系统是否能够正常执行,完整的系统集成后系统是否具有完整的预设功能,这些都需要经过功能测试来验证。经过了功能测试后,我们依据测试的结果指标,对智能网联车系统的自动化程度、智能化程度、网联化程度进行评级。根据测评评级,用户可以直观地了解到该智能网联汽车系统位于何种程度的自动驾驶级别、智能化级别和网联化级别等。此外,除了对系统进行各维度的测试和评价,我们还需考虑系统的功能完备程度,即其自动化功能、智能化功能、网联化功能是否都具有较为良好的表现。除了面向特定领域的单一功能汽车系统,一般来讲,功能的完备性是我们考核和评价一个智能网联汽车系统的重要参考纬度。

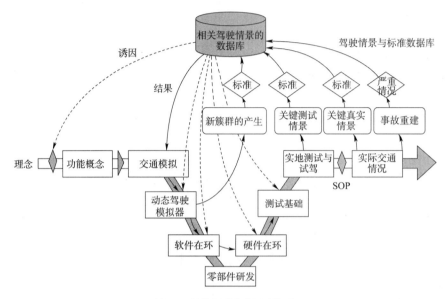

图 7-3 智能网联汽车测试体系

二、性能测试

性能测试是指通过某种特定的方式对被测试系统按照一定的测试策略进行施压,以获取该系统的响应时间、运行效率、资源利用情况等各项性能指标,从而评价系统是否满足用户性能需求的过程。测试者一般使用自动化的测试工具,在模拟复杂环境各种不同应用场景的输入(正常、峰值、极端异常负载)下测试系统的性能指标,模拟系统在实际运行中可能遇到的各环境承载及在该环境承载条件下系统的预期输出和表现。

智能网联汽车与智能交通具有密不可分的关系,在高速行驶过程中,智能网联汽车时刻处于车联网系统中,不断上传和更新道路环境行驶数据和车辆数据,并与车联网系统中的其他联网车辆和设备进行不间断的通信,这对移动通信和海量数据的实时分析提出了很高的要求,从而对智能网联汽车系统的性能测试和压力测试也产生了很高的要求。在智能网联汽车系统开发生命周期的早期,对系统进行性能测试是必要且重要的,它使得开发者对智能网联汽车系统的海量数据请求能力、性能有清晰的了解,确保在真实运行的大数据、大请求环境下系统运行的可靠性和可用性,降低系统开发失败的风险,保障和提升系统整体质量。

三、信息安全测试

智能网联汽车系统由于其天生的网络结构复杂性,在系统的运行中,需要特别注意是否存在信息安全问题,如是否存在数据丢失、数据泄露、系统被入侵等问题。为了确保智能网联汽车的信息系统安全,系统设计者应使用高级的数据编码方式和安全的网络通信协议,在系统功能设计的各个过程都进行严格的数据审核和安全校验。

因此,我们需要对智能网联汽车系统进行数据安全测试和评价,确保被测智能网联汽车系统(含其配套的一整套软硬件设施和基础设施)不会因恶意的破坏和入侵导致系统数据被更改和泄露,确保被测智能网联汽车系统具有高可用性,为用户提供持续的可靠、可信安全服务。

更具体地,智能网联汽车系统的安全性测试主要体现在以下几个方面:智能网联汽车驾驶身份识别、网联通信中隐私信息保护、车载应用系统中交易安全性和智能网联汽车系统被破坏后自恢复能力。

智能网联汽车系统融合了复杂的车载、环境传感器、控制器和执行器设备,并且承载海量复杂的网络通信内容,是一个具有极其复杂且全面的环境感知、智能化决策和协同操控能力的综合系统。

智能网联汽车必须通过持续的测试来不断提高和完善自动驾驶智能系统的感知和决策能力,才能够投入实际应用。对该复杂系统的测试和评价是世界公认的难题,但这也是发展智能网联汽车必须面对的一个重要门槛。由于在不同测试场景下,汽车动力学性能评价涉及的工况复杂、评价指标较多,目前大部分检测评价工作由人工完成,而其中难免会摄入主观因素,同时难以进行规模化落地。因此,有必要建立一套完善的自动化测试评价系统,来客观评价智能网联汽车性能。通过不断完善的测试和评价体系,我们相信智能网联汽车产业将得到持续的发展,未来的智慧汽车将更加舒适、智能且环保,机动车驾驶员的负担将不断降低,道路的通行效率和交通出行的安全性得到不断提升,汽车发展将朝着更满足人类对美好生活向往的方向迈进。我们也期待智能网联汽车测试和评价的相关技术逐渐发展成熟,早日制定完善并发展成一套完整、系统、全面的智能网联汽车测试和评价体系。同时,我们也期待与智能网联汽车测评和发展相关的法律法规日益改进完善,更好地服务智能网联汽车系统的开发测试。

第二节 智能网联汽车功能测试技术

一、测试方法

智能网联汽车功能测试一般采用黑盒测试方法,将智能网联汽车待测功能模块或系统当作一个黑盒,不考虑该模块或系统的内部结构和内部特性,设计针对该模块或系统的输入,检测其输出内容,通过其输入和输出的映射对应关系推测测试结果的正确性。在具体的测试过程中,我们常用的测试方法有等价类划分法、边界值分析法、错误推测法、因果图法、判定表驱动测试法、正交实验设计法、功能图法、场景法等。

具体来说,以智能网联汽车自动驾驶功能检测项目为例,需要进行交通标志和标线的识别及响应、交通信号灯的识别及响应、前方车辆行驶状态的识别及响应、障碍物识别及响应、行人和非机动车的识别及响应、跟车行驶、靠路边停车、超车、并道行驶、交叉路口通行、环形路口通行、自动紧急制动、人工操作接管、联网通信等十余个项目的功能测试。

二、测试要求

在测试的开始,需要明确若干通用要求,包括测试车辆通用要求、测试场景通用要求、测试过程通用要求、测试仪器及设备通用要求等。并且需要明确测试的通过条件,该通过条件定义了一系列系统理想功能测试输出的行为标准。

除自动紧急制动和人工操作接管的测试场景外,所有测试都应在测试车辆自动驾驶状态完成,并满足以下通过条件:

(1)测试车辆应按照规定进行每个场景的测试,并满足其要求;
(2)测试车辆应在一次测试申请中通过所有规定的必选项目和选测项目测试;
(3)测试期间不应对软硬件进行任何变更调整;
(4)除避险工况外,自动驾驶测试车辆不应违反交通规则;
(5)自动驾驶测试车辆应能正常使用灯光、刮水器等功能;
(6)自动驾驶测试车辆发生故障时应及时发出警告提醒;
(7)自动驾驶车辆行驶方向控制准确,无方向摆动或偏离。

三、测试实例

具体的测试规程信息包括测试规程名称、测试规程概述、测试场景描述、测试方法描述、测试要求描述等。

以"交通标志和标线的识别及响应"测试规程为例,其规程概述为:本测试项目旨在测试自动驾驶系统对交通标志和标线的识别和响应,评价测试车辆遵守交通法规的能力。本测试项目应进行限速标志、停车让行标志标线、车道线和人行横道线四类标志标线场景的测试。

其包含的子测试场景为"限速标志识别及响应",测试场景描述为:测试道路为至少包含一条车道的长直道,并于该路段设置限速标志牌,测试车辆以高于限速标志牌的车速驶向该标志牌,如图7-4所示。

图7-4 限速标志识别及响应测试场景示意图

测试方法描述为:测试车辆在自动驾驶模式下,在距离限速标志100m前达到限速标志所示速度的1.2倍,并匀速沿车道中间驶向限速标志。

测试要求描述为:测试车辆到达限速标志时,车速应不高于限速标志所示速度。

第三节 智能网联汽车性能测试技术

智能网联汽车性能测试可从客户端性能测试、网络性能测试、服务器端性能测试三方面进行。

一、客户端性能测试

智能网联汽车客户端性能测试指考察系统客户端应用的性能表现,针对系统的客户端,我们会模拟客户端用户的使用输入,进行并发性能测试、系统疲劳强度测试、海量数据处理质量测试等。

(一)并发性能测试

首先对智能网联汽车系统的客户端进行负载压力测试,搭建好系统指标的收集监控系统。将系统负载从一个较低的初始值开始,逐渐增大负载的强度,增大请求量的并发数,检测系统各子系统及其组成部件的对应输出指标。当并发量增大到一个预设上限时,我们将该测试输入下的测试环节称为极限测试。极限测试的目的是测试系统在极端超负荷情况下的运行态势,评价系统预设的自我保护机制和环境反应机制的工作情况和最大承载量,从根本上验证系统的可靠性。

并发测试的场景选择需要遵循以下几个原则:以真实的、具有代表性的业务场景为主;以系统的扩展需要为背景进行场景模拟;以重复测试针对性寻找潜在瓶颈场景。

我们应当优先选取具有代表性的操作用例,这些用例往往是系统的关键用例和操作步骤,它们往往能够最佳地代表和表征当前待评价系统的性能。智能网联汽车系统的多设备复杂性决定了我们还必须从系统的可扩展性出发,针对日常使用中经常发生的设备、模块和系统的扩展,测试在系统扩展的情况下完整智能网联汽车系统的稳定性和功能可靠性。我们还需通过不断的测试和观察,查找多个子系统中,哪些子系统或模块是系统性能的瓶颈,针对这些系统的瓶颈进行针对的调优,使得系统的整体性能获得综合提升。

需要注意的是,以上的测试场景选取原则与极限测试的概念并不矛盾。我们一方面要在根据以上原则选取的场景中进行极限输入的测试,另一方面在这些常规场景的选取外,还需额外设计边际用例测试用例,对这些边际边缘用例进行测试,且进行极限输入测试,从而使测试覆盖率最大化,为系统的可靠性提供根本保证。

(二)系统疲劳强度测试

智能网联汽车系统可靠性的表现方式之一是智能网联汽车系统的疲劳强度耐受性。不难理解,在冗长的汽车行驶和系统运行中,智能网联汽车系统需要能够长时间、持续地执行系统任务,长时间地负载高强度的任务执行。

在系统疲劳强度测试环节,我们同样使用自动化测试的方法(也可手动编写测试用例执行),对设备处理任务请求进行一定时间的疲劳度测试,同时监控和获取系统输出指标。我们可以通过动态地更新测试输入、测试时间的方式,迭代地获得系统的服务提供稳定性时间。

(三)海量数据处理质量测试

海量数据处理质量测试旨在测试待测系统在海量数据输入下,其系统负载性能状态及处理速度表现。

1. 数据生成

海量数据处理质量测试依赖于高质量输入数据的准备。在实践中,输入数据可以采用现实数据或模拟合成数据。一般采用模拟合成数据作为海量数据系统测试的输入,这是由于现实数据难以公开透明获得,并且现实数据只适应于特定应用场景,有一定的局限性,无法适应所有环境场景下的输入要求。在模拟合成数据的构造过程中,我们遵循数据筛选、数据处理、数据生成和格式转换四个数据处理步骤构造合理的海量数据测试输入:

(1)数据筛选。在筛选数据时,需要考虑数据和负载的匹配性,数据类型应该符合特定负载的要求,数据集需要来源于特定的海量数据应用场景,如电子商务、搜索引擎、社交网络等,并符合真实数据的数据特征和分布特征;根据测试机器的数量和应用的特点,评估数据量的大小。

(2)数据处理。待处理的数据是建立在能保持原始数据的特性并能消除其中敏感信息的基础上进行相关操作的。针对不同的数据类型,应该采用该类领域中有代表性的数据建模方法对真实数据进行建模,抽取出数据的特征,并将这些特征存储在模型文件中。

(3)数据生成。数据生成通常需要特定的生成工具来完成,生成工具依据不同类型的数据处理过程来设计。首先需要提出数据的模型特征,基于提取出的模型和所需的数据量生成测试数据。除了需要保证所选用建模方法的模型特性外,还要满足在数据生成过程中通过参数来控制数据生成的并发量和大小,不同的参数可以模拟出不同的应用场景,不同的数据生成工具通过建模步骤,保证生成的测试数据保持原有数据的数据特征,并且可以缩放至海量数据规模。

(4)数据格式转换。这个流程保证生成数据能通过格式转换工具生成符合特定应用的输入格式。

2. 负载选择

生成了海量数据测试输入数据后,我们需要确定合理的测试负载策略。根据行业和领域的不同,从系统资源消耗方式考虑,我们可以将系统负载分为计算密集型、I/O 密集型和混合密集型等。选择负载有两种策略:第一种是从企业应用的场景出发,模拟企业应用流程,采用应用中的真实数据进行测试;第二种是从通用的角度来考量,从测试整个大数据平台的角度出发,选择负载时需要覆盖大数据处理平台主要组件,即分布式计算框架、分布式文件系统和分布式存储的能力。

3. 测试指标

测试指标主要分为两类:第一类是从用户角度出发的指标,这类指标注重直观化,让用户容易理解;第二类指标是从架构角度出发的指标,主要考量系统架构的能力。第一类指标主要有每秒执行的请求数、请求延迟和每秒执行的操作数;第二类指标注重比较系统性能间的差异,主要有每秒浮点计算速度和每秒数据吞吐量等。在实际测试中,为比较不同平台之间的差异,可以从性能、能耗、性价比和可靠性四个维度来评估海量数据平台质量。

二、网络性能测试

网络性能测试的对象是用被称为 IUT 的协议实现,测试的目的是测试在不同负载下 IUT 的实际性能。性能测试由测试器来执行,测试器可以是人,但最好是自动工具。IUT 通过发送或接收抽象服务原语(ASPs)或协议数据单元(PDUs)与周围环境通信。IUT 与环境交互的位置称为实现访问点(IAPs)。然而,在大多数情况下,测试器不能直接访问 IAPs,这是因为测试器和 IUT 通常不位于同一系统中,或者 IUT 嵌入在一个多层协议实现之内。在这种情况下,测试器只能间接地与 IUT 通信,即 IUT 与环境(如底层服务提供者)通信,测试器也与这个环境通信。在性能测试中,负载是必不可少的。负载控制器与 IUT 的通信也是通过环境实现的,把沟通测试器与 IUT、负载控制器与 IUT 的环境称为测试上下文,测试器与测试上下文通信的点称为控制观察点(PCOs),测试器与负载控制器通信的点称为协调点(CPs)。这样,IUT、测试器、负载控制器、测试上下文、实现访问点、控制观察点和协调点就共同组成了测试结构,如图 7-5 所示。将图中的抽象测试结构应用到特定的 IUT、测试器、负载和测试上下文中,就会得到不同的测试方法,测试方法本质上的不同在于控制观察点选取的不同。

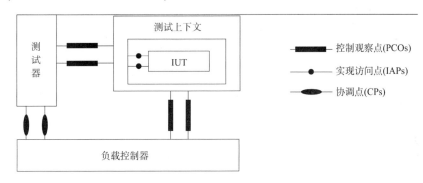

图 7-5 性能测试总体架构图

智能网联汽车系统的网络测试主要关注在网络通信中的一些核心指标:网络传输吞吐量、网络传输平均时延、网络传输报文丢失率等。

1. 吞吐量测试

在计算机网络领域,吞吐量是衡量网络传输质量的最重要性能指标之一,它表征了待测设备在正常网络传输环境下可支持的最大传输率。

我们在测试中使用固定长度的报文,并且在测试中对报文校验和进行检验(为了和最终的测试结果进行对比分析)。在实际的测试过程中,由于网络环境不可能长期保持一个恒定的稳定环境,且报文存在一定的丢失率,我们设定一个测试停止的阈值,即当达到这个阈值时终止我们的吞吐量测试,而这个阈值由报文的丢失数给出,这样我们就能在一个相对合理的网络环境下结束我们的测试。同时,我们也应当设置一个最大测试时间进行规限,尽量避免长时间测试下的网络环境波动。这个最大测试时间在实践中一般设为几十秒到几分钟之间。

2. 时延

网络时延是影响系统性能和用户体验的关键指标,它表征了报文的传输时间。目前业界普遍采用以下三种方法进行时延结果测量。

(1)瞬时延迟统计(Instantaneous Latency):只提供对最大时延、最小时延和平均时延的统计。这种时延测量方式实现简单,而且不需要用户进行任何配置。其缺点是统计结果过于粗糙,而且对最大时延和最小时延的统计具有很大的偶然性。

(2)延迟分布统计(Distributive Latency):统计时延的分布情况。用户可以自己设定时延统计区间的范围,测试结果中将给出落入每个区间报文的数量或百分比。用户在设定统计区间时必须了解时延的范围,合适的区间范围需要一定的试验后才能得到。

(3) 全时延迟统计（Latency Over Time）：将一定时间内所有报文的时延都记录下来。从理论上来说，使用 Latency Over Time 测量得到的结果，可以计算得到前面两种时延统计的结果。但在实际中，这种测量方式需要消耗大量的资源，只能对少量的报文进行统计。

3. 报文丢失率

报文丢失率是对第一项吞吐量测试的参考补充，它表征了因异常因素而丢失报文的程度。它与吞吐量测试的关系是：吞吐量测试中假设整个网络传输是理想的，没有报文丢失，即报文丢失率为零。而实际网络传输环境下，特别是在网络过载、信道拥挤的场景下，报文会有显著的丢失，报文丢失率会成为一个不可忽视的因素，我们需要综合考虑它的变化，进而修正或更好地对网络测试的结果进行评价和理解。

三、服务器端性能测试

服务器端性能测试旨在实现对服务器设备、服务器操作系统、数据库系统、集成系统在服务器上的性能进行全面测试和评价。一般通过部署监控工具的形式监控服务器端的相关性能指标，包括 CPU 使用率、磁盘使用率、内存交换率、进程交换率、线程交换率等。

第四节　智能网联汽车平行测试技术

平行测试通过融合人类专家与计算机系统双方的优势，构建一个人在回路智能测试模型，使系统在人类专家指导下具有自动自我升级的认知机制，同时引入对抗式学习模型，以自动生成新的任务实例，这些任务实例可以呈现复杂、动态的交通场景，促使自动驾驶车辆进一步提高适应复杂环境的能力。

平行测试的通用测试逻辑流程与整体系统架构如图 7-6 所示。平行测试的核心部分包括以下三个功能模块。

一、任务描述

建立一组语义定义来描述应该由自动驾驶车辆完成的任务。测试驾驶场景的每个语义实体将在语义任务空间中被检索和复制。抽象语义任务的复杂性还提供了描述自动驾驶车辆能力的统一分类级别。任务矩形的时空范围可以被重新排列，实现对属于同一类别不同驾驶场景的采样，以确保所设计的自动驾驶车辆能够适用于此类驾驶场景。根据预先确定的规则，逐步增加语义任务原子，可以增加测试的复杂度，最终保证所设计的自动驾驶车辆在所有可能的驾驶场景下工作。

二、实现测试

为指定的任务实例实现测试。通过将实际道路试验与模拟道路试验虚实对应、紧密结合，加强测试的可用性以及扩展性。通过自动且实时地收集实际道路试验产生的新数据并更新至模拟系统，进一步扩展系统知识库。此外，通过将模拟系统中的模拟测试完全对应现场测试，并比较它们的输出，以便不时地更新模拟系统。以这样的方式，实现模拟系统与实际系统的闭环反馈，以实时、自动、准确地采集各种车辆测量数据。

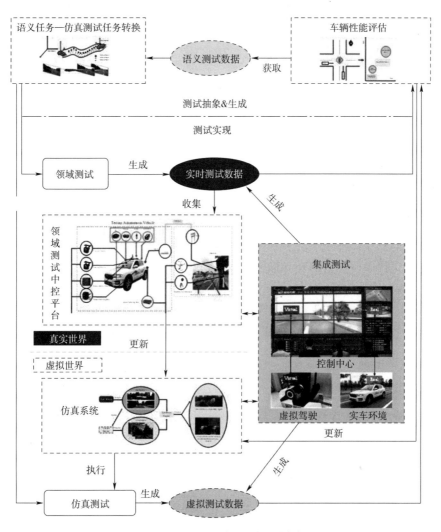

图 7-6　平行测试逻辑流程与系统架构

三、难度评价

对自动驾驶车辆性能和语义任务的难度进行评价,以寻求最具挑战性的新语义任务。通过建立与每个特定语义任务相关的定量性能指标,以公平、快速地评估自动驾驶车辆的性能。通过设计一个统计学习模型,确定不同任务的相对难度和被测不同自动驾驶系统的相对能力(等级)。这种排序模型有助于测试者找到具有挑战性的任务,而且可以帮助测试者了解待测自动驾驶汽车的实际能力水平。

第八章　无人驾驶汽车的应用

近年来,随着人工智能技术的发展,无人驾驶技术在环境感知、路径规划、运动控制等三大方面取得了极大的进步,这些发展推动了无人驾驶汽车的应用,本章主要介绍不同场景下无人驾驶汽车的应用。

无人驾驶应用场景按照行驶范围与自由度可分成封闭场景、半封闭场景、开放场景。封闭场景指的是与外界无通路的一定范围内的交通场景,半封闭场景指的是与外界有少数限定通路的一定范围的交通场景,开放场景指的是与外界完全互通的不限制行驶范围的交通场景。

按照美国汽车工程师学会(SAE)自动驾驶汽车分级标准,L5等级的无人驾驶汽车在所有人类驾驶员可以应付的道路和环境条件下,均可以由自动驾驶系统自主完成所有的驾驶操作,所以它适用于封闭场景、半封闭场景、开放场景,但是无人驾驶汽车行业正处于新兴阶段,车体智能水平远达不到L5等级水平,目前无人驾驶汽车最多只能达到L4的水平,仅仅符合半封闭场景、封闭场景的应用要求,所以本章只讨论半封闭场景、封闭场景下无人驾驶汽车的应用。

无人驾驶汽车的应用不仅受到场景因素的限制,而且随着车体速度的提升,应用也受到一定的限制。高速条件下车体感知、规划、控制的实时性要求很高,无论是硬件配置响应,还是软件算法优化,技术难度都比低速条件下提升了很多,相应地,成本提升幅度很大,获利空间较小,不利于产品落地。目前无人驾驶汽车的应用主要集中在车体低速条件下,例如工业园区、旅游景区、港口机场等低速运行场景。

除此之外,从市场层面来看,城市居民对无人驾驶的诉求是存在的,但是很难完全信任它的安全性与可靠性,虽然政府部门、科技企业等致力于推动无人驾驶汽车的应用,但是目前无人驾驶汽车数量占汽车总量比例较小,没有形成一定的市场规模,距离真正的产业化还有一段路要走。

未来,随着环境感知、导航定位、路径规划、决策控制等技术的发展,无人驾驶技术产品商业化落地也将沿着从低速到高速、从封闭到开放的路线逐步向前,无人驾驶汽车的应用场景将更为广泛。

第一节　城市道路路段、工业园区、旅游景区等半封闭场景

典型的半封闭交通场景主要是城市道路、工业园区、旅游景区,而无人驾驶汽车的应用也主要集中于这三大半封闭场景。不同的半封闭场景有不同的性质,因而无人驾驶在不同半封闭场景的应用有着不同的特征。

一、城市道路应用

有研究成果表明,无人驾驶汽车的应用能将现有道路的通行率提高约273%,相当于在

城市中增设了很多条道路,有利于缓解城市道路拥堵情况。

同时,无人驾驶技术的应用极大地提高了行驶的安全性,据统计,中国每年就有超过8万人因交通事故死亡,导致这一情况的主要原因是驾驶员的错误驾驶,该事故原因占比90%,因而无人驾驶汽车的应用有利于消除驾驶员人为操作的失误,极大地提高了驾驶的安全性。

(一)城市道路路段特征

城市道路属于半封闭场景,主要的交通特性包括路网密度、城市道路构成、城市道路网布局等三大特性。

1. 路网密度

路网密度是城市范围内由不同功能、等级、区位的道路,以一定的密度和适当的形式组成的网络体系结构。它是衡量道路设施数量的一个基本指标,代表单位城市用地面积内所具有的道路总长。路网密度与城市经济发展水平呈正相关关系,经济发展水平越高,路网密度越大。

根据有关统计资料,城市市中心路网密度在 $3\sim4km/km^2$ 范围内,城市边缘地区路网密度在 $2\sim2.5km/km^2$ 范围内。在一般情况下,路网密度越高,其总的容量与服务能力就越大,路网建设投资也就越大,无人驾驶汽车感知与定位难度也越高。

2. 城市道路组成

城市道路组成主要包括几何方面构成和结构方面构成两大方面。其中,几何方面构成包括道路平纵横三个方向的线形和几何尺寸;而结构方面的构成包括路基、路面、桥涵、路线交叉等结构物。越复杂的道路,对无人驾驶汽车感知的精度要求越高。

3. 城市道路网布局

城市道路网布局主要有棋盘形、带形、放射形、放射环形与自由式等布局,这些布局一定程度上影响着无人驾驶汽车最优路径规划。

1) 棋盘式道路网

棋盘式道路布局典型代表为西安市区道路,它每隔一定距离设置接近平行的干道,在干道之间布置次要道路,将用地分成大小合适的街坊。

它的典型特征为交通组织简单方便、不会形成复杂的交叉路口、道路定线比较方便。但它也有局限性,例如道路对角线方向交通不便,不利于最优路径规划等。

2) 放射环式道路网

放射环式道路布局典型代表为法国巴黎市区道路,如图8-1所示,它一般是由旧城中心区逐渐向外发展,形成放射干道与外环道。

它的典型特征为中心区与各外区联系直接方便,道路功能明确;缺点为城市中心区易发生拥堵,交通机动性较棋盘式道路布局差。

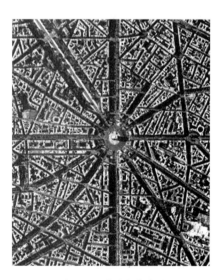

图 8-1 巴黎城市道路图

3) 自由式道路网

自由式道路布局典型代表为南宁市区道路,它主要与地形结合,路线弯曲程度不对应一定的几何图形。

它的典型特征为充分结合天然地形、道路形式灵活;缺点为道路绕行距离过大且道路结构化程度较低,不利于无人驾驶汽车的应用。

(二)城市道路应用情况

考虑到成本与推广问题,城市道路场景下无人驾驶汽车的应用主要集中在公共交通领域,如公共汽车、出租汽车等,在私用车辆领域仍未开拓。目前,不少企业开始研制与推广公共领域下无人驾驶汽车的应用,虽然只处于试点阶段,但是仍取得一定的成效。

1. 公共汽车领域

公共汽车领域是无人驾驶汽车在城市道路首次涉足的领域,是目前推广无人驾驶汽车的主要领域。

2015年8月29日,中国第一辆无人驾驶客车——宇通无人驾驶客车在河南郑开大道开放道路测试,在开放道路交通条件下,全程无人工干预首次成功运行,其车型如图8-2所示。该无人驾驶客车搭载摄像机、激光雷达、GPS等传感器,在半封闭的郑开大道上自西向东自由安全地行驶了37km,期间平均车速达到36km/h,经过27个十字路口与27组红绿灯,停靠公交车站2次,是我国首例在城际道路上成功运行的自动驾驶客车。值得一提的是,该无人驾驶客车具有车辆底层控制的主导权,能够通过CAN网络架构实现车辆的精确控制,步进距离能够达到5cm精度,已经超越一般人类驾驶员的操控水平,体现了智能驾驶的优越性。

2018年7月4日,百度Apollo与金龙客车合作打造的"阿波龙"正式量产下线,产量到达100台,它是中国首款商用级别的无人驾驶汽车,智能化程度达到了L4水平。据悉,"阿波龙"会发往北京、雄安、深圳、平潭、武汉、日本东京等地开展商业化运营,如图8-3所示。"阿波龙"车身长4.3m,宽2m,共有8个座位,核载14人(含6个站位),采用纯电力驱动,充一次电可以行驶100km。它在设计上颠覆了传统汽车概念,全新构建电动化、电子化及智能化的新形态,是全国首辆无转向盘、无加速踏板、无制动踏板的原型车。

图8-2 宇通智能驾驶电动客车(2015年) 　　　图8-3 "阿波龙"无人驾驶公车(2018年)

2019年1月22日,山东首辆无人驾驶公交车正式上路运营,该车为中国重汽集团技术发展中心研发的 L4 级无人驾驶全智能客车试验车,如图 8-4 所示。为识别场景即道路环境,中国重汽集团为无人驾驶汽车设计了很多传感器,车头左右两侧的传感器可实现 360°全覆盖,无盲区,同时中国重汽集团针对不同场景,例如夜晚、雨雾天等设计不同的传感器,以应对恶劣的感知环境,增加车辆自动驾驶的适应性。

2019 年 1 月 18 日,深兰科技公司主导研发的多功能"熊猫智能公交车"(图 8-5),在"新一代人工智能未来发展峰会"上正式发布,该车已在德阳、常州、衢州、池州等地试运行。熊猫智能公交车突破了以往无人驾驶车辆只专注无人驾驶人工智能的局限,集自动驾驶、生物识别、语音交互、精准广告推送、车载监查机器人、智能无人零售系统、异常行为监控系统、智能逃生紧急处理系统等技术于一体,尝试打造未来城市出行的新型移动智能生活空间,让乘客感受人工智能的强大。

图 8-4 山东省首辆自动驾驶电动客车(2018 年)

图 8-5 熊猫智能公交车(2019 年)

2. 出租汽车领域

在出租汽车行业,无人驾驶技术为其提供人工智能驾驶员,根据地理位置进行定制化设计,并提供城市及动态条件下的车载导航功能,帮助出租汽车实现自动化。目前,国内各大科技企业对无人驾驶出租汽车领域均展示了极大的兴趣。

2018 年 11 月 1 日,全国首辆无人驾驶出租汽车在广州大学城开始试运营,该辆无人驾驶出租汽车的技术支持来自"文远知行"公司与"广汽新能源"公司。

外观上,该无人驾驶出租汽车以"广汽新能源"GE3 汽车为基础改造而来,如图 8-6 所示,它与普通 GE3 出租汽车采用了一样的涂装和标识,但车头和顶部各有一个 32 线激光雷达,车顶有 3 个前置摄像头和 1 个毫米波雷达来对外界进行感知。同时,车内也安装有出租汽车的计价器和发票打印机,行驶时计价器也在正常工作,此外车内还装了几个显示器来显示车辆的感知结果。

该出租汽车在无其他障碍车辆/行人的情况下,沿着车道直行、加减速、根据红绿灯转弯的行驶动作都比较流畅,但是在掉头、经过红绿灯路口,以及在有障碍车辆的时候,表现还有不足,离实际商业落地还有一定距离。

2019 年 7 月 3 日,百度无人驾驶出租汽车项目"Apollo Go"亮相百度 AI 开发者大会,由百度公司和一汽红旗公司打造的中国首条 L4 乘用车前装产线已开始正式投产下线,并将于长沙率先落地。如图 8-7 所示,该无人驾驶出租汽车正处于试运营阶段。

图 8-6 中国首辆无人驾驶出租汽车

图 8-7 百度"Apollo Go"无人驾驶出租汽车

我国还有很多无人驾驶初创企业,像 AutoX、地平线、清智科技、极目智能、海梁科技、领骏科技、宽凳科技等,在为公共交通的无人驾驶系统提供技术支持。

3. 环卫工作领域

一直以来,环卫领域都属于劳动力密集型行业,其缺陷表现在成本高、过程乱、质量差、风险大、经验缺等方面。而无人驾驶清洁车通过自主识别环境,规划路线并自动清洁,实现全自动、全工况、精细化、高效率的清洁作业,使其行业痛点得以克服,车体情况如图 8-8 所示。

图 8-8 无人驾驶环卫车

国内无人驾驶环卫车的商业落地也已初现端倪。

2017 年 9 月 11 日,百度公司携手智行者公司推出国内首款无人驾驶环卫车,实现我国无人驾驶环卫车的首次商用。

2018 年 4 月 24 日,酷哇公司携手中联环境公司发布全球首台具备全路况清扫、智能路径规划的无人驾驶扫地车,该扫地车于该年内在芜湖、合肥、长沙、上海等四所城市"落地"。

2019 年 7 月 2 日,高仙机器人与浩睿智能公司联合研发生产的第二代无人驾驶环卫车 Ecodrive(爱科驾)Sweeper G2 投入使用,首台已于河南省鹤壁 5G 产业园落地应用。

二、工业园区应用

工业园区路段与城市道路路段有所不同,城市道路主要是考虑行人通道、非机动车通道、机动车通道,道路相对复杂,但工业园区路段主要是考虑人流与物流因素,出行方式与构成要素比较单一,所以无人驾驶汽车在工业园区的应用技术难度较城市道路低。

(一)工业园区路段特征

1. 道路功能明确

工业园区道路功能是直接为工业区厂矿生产与生活服务。由于工业区性质不同,道路的技术要求差异较大,一般以货运为主,路面承重荷载较高,结构层较厚。

2. 道路管道较多

工业园区地上杆线管道（架空）和地下管道（下埋）较多，特别是适应厂矿工艺需要的燃气、热力、输油等管道，可能会干扰无人驾驶汽车的感知。

3. 道路密度较小

工业园区道路分布通常为棋盘式分布，且密度较小，道路数量较少，方便无人驾驶汽车自动规划。

4. 道路结构化高

工业园区的道路基本与城市道路一致，有明显的车道线与交通指示牌，外部道路与城市道路路段联通。

（二）工业园区应用情况

2016年6月7日上午，由工业和信息化部批准的国内首个"国家智能网联汽车（上海）试点示范区"封闭测试区在嘉定举行开园仪式，可以为无人驾驶汽车提供综合性的测试场地和功能要求，典型车体如图8-9所示，它标志着作为全球测试功能场景最多，DSRC和LTE—V等V2X通信技术最丰富，覆盖安全、效率、信息服务和新能源汽车应用等四类领域，领先国际的封闭测试区（一期）正式投入运营。

图8-9 工业园区无人驾驶汽车

三、旅游景区应用

旅游景区路段作为最简单的半封闭场景之一，其建设目的在于便利人们通行观光。它一般使用旅游观光车作为游客旅游的代步工具，目前景区内使用的观光车通常需要专业驾驶员驾驶，行驶在专用的固定线路上，按时发车到站下车，游客自主性较差，观光体验不高，而且观光车行驶过程中的安全性受驾驶员技术水平影响较大，安全保障一般。从安全和提升游客观光体验的角度出发，能够个性化定制观光线路、安全性更高的自动驾驶观光车有很大的市场需求。

（一）旅游景区路段特征

1. 旅游景区道路分类

1）进出风景区的主干道

一般路宽8~20m，以游览汽车通行为主。沿途主要是动态景观，注重远眺、鸟瞰等成片的景观效果。

2）分散游人进入各景区的次干道

一般路宽3~7m，以小型游览车通行为主，也可以作为步行道。沿途以动态景观为主，注重展示成片的森林绿化、山脊轮廓线景观。若风景区成片的植被生长态势不是很好，可能影响风景区游览的整体审美效果。

3）步行游览道

一般表现或为林中曲径，或为登山台阶，或为滨水小路，一般路宽在1.2m以内。以游人徒步通行为主，不可以通行汽车，道路建设采用石块等天然材料，不采用钢筋混凝土进行制作。注重沿途景观的细节设计，以及道路自身的细节品位，如青石板路面，有意识地在石缝之间镶嵌花草。

4）汀步石路

原本是乡间为跨越溪水而设置的最简朴的垫脚石，在景区内这种形式的道路设计别有艺术情趣，是一种以返璞归真、探寻野趣为目的的游览道路形式。汀步石路注重道路本身的趣味性，其交通功能是很弱的。

2. 旅游景区道路特点

典型的旅游景区道路如图 8-10 所示，它往往以旅游景色的地理环境为依托，路段可能会复杂多变且坡度变化起伏大，故而它的交通功能性不强。

1）道路交通目的单一

旅游景区道路仅仅是满足游客的出行观光与车辆的基本通勤，不存在机动车道、非机动车道、人行道的划分，路段类型单一。

2）道路地理依附性强

旅游景区道路依据风景地势而建，通常以不破坏地理环境为前提，所以景区的道路呈现复杂多变的特征。

图 8-10　旅游景区道路

3）道路结构化程度低

旅游景区道路主要目的在于便利游客观光，所以基本不设置交通标志牌与交通道路线，结构化程度较城市道路与工业园区道路低。

4）道路场景形式简单

旅游景区的道路并非城市道路，不存在复杂的交通流，对无人驾驶的感知技术要求不高，同时人为事故发生率很低，无人驾驶安全性较高，便于实现无人驾驶汽车的应用。

(二) 旅游景区应用情况

旅游景区的无人驾驶汽车已经开始推广，它的车体结构简单，车型如图 8-11 所示，仅仅满足低速情况下的交通要求，所以不采用普通轿车改造，而是呈现出低速小型车的特点，同时为了更好地服务游客的观光需求，通常无人驾驶观光车的窗体设计与外界接触的范围大，呈开放型的状态。

自动驾驶观光车与运行在高速公路和市区道路的普通车辆不同，它运行速度较低，运行的区域仅限于景区内，运行的环境更加复杂，因此它应用的模式与普通自动驾驶车辆有所不同，主要有以下三种模式。

(1) 依靠卫星定位和车辆传感器自主行驶模式。这种模式是运行在高速公路和市区道路的普通车辆的低速版本，对传感器探测距离和处理器处理能力要求有所降低。主要

图 8-11　旅游景区的无人驾驶汽车

依靠人工智能、视觉计算、激光传感、雷达探测和定位系统协同合作,让计算机根据游客的线路设置不需游客操作自动安全驾驶的观光车。这种模式的特点是每辆车独立运作、互不干扰,能够保证系统的可靠性,不会因控制中心或者部分车辆故障导致系统瘫痪,游客能够几乎不受限制地灵活定制线路,观光体验很高。但是缺点也很明显,每辆车的传感器数量较多,车辆的造价高,对复杂环境的判断要求很高,可能会因对突发情况处理不及时导致交通事故的发生。观光车的自由度很高,难以控制游客的驾驶行为,有一定的安全隐患,缺乏统一的调度也会使观光车跟随游客过度集中到热门景点,导致景区道路拥堵,行驶效率降低。

(2)依靠构建虚拟线路和车辆传感器的半自主行驶模式。这种模式通过在景区道路预埋感应线圈的方式构建许多条虚拟游览线路,观光车自动沿着这些线圈构成的虚拟路线行驶,仅需要较少的传感器避开障碍和行人,无须卫星定位系统进行定位和导航,让计算机根据游客的游览需求在现有的虚拟线路中规划游览线路自动安全地驾驶观光车。这种模式的特点是不需要卫星定位系统,传感器数量也大大减少,车辆的造价得到大幅度降低,由于车辆能按照预设的道路行驶,也能够有效地避免观光车进入危险区域,安全性得到提高。缺点是游客线路定制的灵活性大大降低,游客仅能够乘坐观光车沿虚拟线路游览,游览体验有所降低,同时如果一段线路观光车过于集中,也会导致交通拥堵、通行效率降低。景区建设时埋设线圈工程量大,前期投入较大,而且后期维护难度较大,部分线圈损坏将导致整条线路无法使用,系统可靠度有所降低。

(3)依靠控制中心和车辆传感器的半自主行驶模式。这种模式每辆观光车均与控制中心建立实时网络通信,将卫星定位系统获取的观光车的位置、路线集中到控制中心的计算机系统进行统一规划调度,通过控制中心实现车辆的避让,通过少量车辆传感器实现对障碍物和行人的避让,观光车在控制中心规定的路线行驶。这种模式的特点是传感器数量少,车辆的造价相对较低,而且不需要埋设线圈,前期投入少、工程量小,且维护简单。观光车按控制中心指令行驶,能够有效避免观光车进入危险区域,同时能够有效地避让其他观光车,安全性得到很大提高。观光车受控制中心统一调度,能够有效分散游客,避免游客和车辆过于集中,缓解交通压力和游览人群密集,提升旅游体验。唯一的缺点就是游客不能自主定制游览线路,仅能够乘坐观光车沿规定线路游览。

第二节 机场、港口、矿区等封闭场景

典型的封闭场景包括机场、港口、矿区等,而封闭场景下,无人驾驶汽车的应用也主要集中于这三大场景。这三大场景与外界自由流通度很低,交通流被限定在一定的范围内,因而人为事故发生率较小。同时,不同的封闭场景有不同的性质,故而无人驾驶在不同封闭场景的应用也有着不同的特征。

一、机场应用

随着机场客流量增大,交通拥堵问题出现,保持机场高效运行是一件困难的事情,所以使用无人驾驶车辆为减少机场人为事故提供了一种可行性高的解决方案,同时减少人力成

本的支出，也可响应国家建设智慧城市的号召。

（一）机场路段特征

机场道路如图 8-12 所示，一般较为宽敞且障碍物少，可能不利于无人驾驶车辆利用标志物感知具体位置，且机场信号干扰严重，无人驾驶汽车通信可能会受到不利的影响。

图 8-12　机场道路

1. 道路多线宽敞

机场道路分成飞机专用道与非飞机专用道，飞机通常体积庞大，占用跑道宽度大，而且机场道路一般不允许外来车辆进入，所以机场道路较为宽敞，不易发生交通事故，故而无人驾驶汽车定位精度控制精度要求不高。

2. 道路结构化程度较高

机场道路建设安全性很高，道路标示线与交通标志均比较标准。无论是人为因素或自然因素引起的道面上较大的隆起或凹陷，均称为障碍，而障碍是决不允许出现在机场道路的。

3. 道路建设要求较高

现代飞机对机场道路的要求不仅是有足够的强度，而且要求有一定满足飞机高速滑跑的通行性，即跑道道面应有合适的粗糙度和良好的平整度。机场跑道只有满足强度、粗糙度和平整度这三方面的技术指标要求，才能保障飞机起飞、降落时的安全性与舒适性。

（二）机场应用情况

目前机场无人驾驶技术主要在国外发展，国内较少应用机场无人驾驶汽车，下面主要介绍国外机场无人驾驶汽车的应用。

1. 巴黎戴高乐机场无人驾驶穿梭公交车

ADP 集团在巴黎戴高乐机场进行了两次无人驾驶车辆"Navya"的测试，车体情况如图 8-13 所示。ADP 集团管理着巴黎戴高乐机场、巴黎奥利机场和巴黎布尔歇机场，这些机场每年处理旅客数量超过 1 亿人次。而戴高乐机场是法国最大的机场，每年处理旅客超过 7000 万人次，在这一场景下测试的难度较高。

测试在戴高乐机场商务区"Roissypole"进行，无人驾驶穿梭公交车接 RER 火车站到可持续发展资源中心及 ADP 总部。每辆公交车最多可搭载 15 名乘客(11 个座位，4 个站位)，运行时间是每天早上 7 点半到晚上 8 点。

图 8-13　"戴高乐"机场无人驾驶接送车

2. 伦敦盖特威克机场"Oxbotica"无人驾驶豆荚车

伦敦盖特威克机场表示，在通常情况下，机场的 300 辆服务车辆闲置不用的时间可高达 90%。为了减少车队数量、降低运营成本和碳排放，盖特威克机场在 2018 年夏季展开无人驾驶通勤舱的测试，无人驾驶通勤舱在南、北航站楼间的空侧道路上运送工作人员。据悉这也是全球首例该类型的测试。如图8-14所示,该无人驾驶豆荚车具有体积小型化、行驶灵活性强等特征。

3. 无人驾驶扫雪车在挪威机场成功应用

为提升机场的除雪效率,Yeti 公司研发出一个"可应用的自动驾驶技术"方案。Yeti 研制了自动驾驶除雪车的控制系统,该无人驾驶扫雪车如图8-15 所示。

图8-14 "Oxbotica"无人驾驶豆荚车

图8-15 "Yeti"无人驾驶扫雪车

Yeti 为机场的自动除雪作业提供了一个共四步的解决方案。第一步是"计划和培训",运营者可以制定并优化除雪项目;第二步是"监控和记录",通过全球定位系统和实时沟通对除雪作业进行实时监控和记录;第三步是"驾驶员协助",驾驶员在任何时间都能得到路线指引;第四步是"无人驾驶",为无人驾驶除雪作业设定好除雪计划。

二、港口应用

港口作为大型的集疏运枢纽点发挥着重要的海陆接驳作用,随着我国外向型经济的发展,沿海港口的吞吐量不断增加。但是港口吞吐量的增加给周边地区的交通运输带来了更大的压力,同时人工成本不断攀升,港口亟须无人驾驶汽车的应用,以解决交通拥堵与运输成本问题。

(一)港口路段特征

港口道路交通以货运为主,主要功能是承担集疏港运输。港区内机动车的组成机构与城市道路机动车组成结构相比,货车占比高,交通构成主要为大型货车、集装箱车、通勤客车、出租汽车等。

天津港部分道路通行情况见表8-1,其车辆分布情况见表8-2,它存在以下三个显著的交通特征:一是港口道路交通始终与港口内作业的船舶到达和离开密切相关;二是港口内大型车辆车身长、动力性能差,对通行能力的影响很大;三是车辆在港口内需要停放待检,车辆停放问题突出。

天津港部分道路通行情况　　　　　表8-1

路段名称	京门大道	临海路	新港四号路
设计通行能力[pcu/(h×m)]	650	650	650
实际通行能力[pcu/(h×m)]	72.78	78.96	65.92

天津港部分道路车辆分布情况　　　　　　　　表 8-2

车　型	有效样本总数 N	样本标准差 S	平均车头时距 h
小客车	83	0.807845	2.81
短集装箱车	65	2.11612	6.91
长集装箱车	242	2.758389	10.18
货车	88	1.741328	6.87
加长货车	126	2.82322	9.78

(二) 港口应用情况

数据显示,中国有超过 1600 万的货车驾驶员,以 40～50 岁的中年男性为主,且已出现断层的迹象。年轻人嫌弃该职业辛苦,不愿意从事,上了年纪的人也从事不了。10 年后,随着这一批 40～50 岁的主力驾驶员相继退休,很可能没有足够的年轻驾驶员去顶上空缺。如果无人驾驶能大规模应用于港口的水平运输环节,集装箱货车驾驶员的招聘难题,也就迎刃而解了。

无人驾驶技术在港口码头场景的转化应用,可有效解决传统人工驾驶时,存在的行驶线路不精准、转弯造成视线盲区、驾驶员疲劳驾驶等问题,节约人工成本。

目前,国内已有多个港口采用了无人驾驶汽车技术。

西井科技公司联合振华公司,在珠海港先后进行了跨运车(在码头搬运、堆砌集装箱的专用车辆)和集装箱货车的无人化运行演示,取得一定的成效。该智能跨运车车体如图 8-16 所示,属于重型车辆。

中国一汽公司专为港口作业研发的 ICV (Inteligent Container Vehicle)港口集装箱水平运输专用智能车实现全球首发,这是中国国内第一个实现 L4 级港口示范运营的智能驾驶运输车辆。此外,青岛、厦门、天津等城市的港口率先启动了无人化、自动化应用,成为高科技的自动化港口。

据介绍,在实地演示中,一辆搭载了 L4 级智能驾驶系统的解放 J7 缓缓起动,演示了自动装货、行驶、转向、停车、卸货等一系列动作,如图 8-17 所示。作为集高自动化、高精准度等于一身的智能车,能够自动规划行驶轨迹、自动检测障碍物避障,自动监测装载状态及灯光系统,自动监测油量,并规划轨迹自动行驶至加油区加油,全方位满足了不同港口的作业需求。

图 8-16 "振华重工"智能跨运车

图 8-17 港口集装箱水平运输专用智能车

三、矿区应用

应用无人驾驶汽车的矿区称为智慧矿山,它与传统矿山相比,就像智能手机对普通手机、无人驾驶对传统汽车的颠覆性变革,是采矿工艺未来的发展方向。

20世纪90年代开始,西方发达国家就开始研究智慧矿山技术,无人驾驶矿用货车已陆续在一些国家开始商业化应用。铁矿石巨头FMG(Fortescue Metals Group)、力拓(RioTinto)、英美资源集团(Anglo American)等国际大型矿山也启动了智慧矿山项目。但据了解,国外的无人驾驶矿车应用基本局限在"新矿新车",对于现有矿山和存量矿用车的无人化升级改造却鲜有报道。

国内无人驾驶技术应用于矿山区域,起源于2018年9月,由内蒙古北方重工业集团有限公司北方股份(以下简称"北方股份")研制的首台无人驾驶电动轮矿用车进入矿山测试。这是无人驾驶技术首次应用于国内矿用车,标志着我国成为继美国、日本后第三家涉足矿用车无人驾驶技术的国家。

未来,随着大型露天矿山开采深度逐年加大,大坡度、多弯道的现象使得矿山作业难度不断增加,矿区无人化运营、数字化智慧矿山建设是解决这些问题的有效途径,能够实现安全生产,降低人工和整车使用成本,提升运行效率,实现矿区作业安全、高效运行。

(一)矿区路段特征

矿区道路如图8-18所示,建设过程中的主导因素是地势因素。同时,矿区环境特点是严寒酷暑、沙尘碎石、机器轰鸣,而循环往复的运输作业又是采矿作业的关键环节。通常,矿业公司每年需要支付数百亿元人民币运输矿石和材料,有些矿区一年仅运输车队驾驶员的人力成本就高达千万元。

以下为矿区路段的特征。

1. 道路环境恶劣

矿山道路粉尘污染大,可见度低,车载激光雷达传感器不易感知,受影响程度较大,且道路平坦度低,可能会存在小坑,通常有碎石块、散落货物等小障碍物,车辆通行环境恶劣,车体行驶过程中易摇晃偏离规划车道。

2. 道路结构化程度低

图8-18 矿区道路

矿山道路建设程度低,不同于其余道路,它具有临时性的特征,仅仅是满足临时性的货物运输通行,所以该道路结构化程度较低,不设交通线与交通标识,一般为土路,甚至直接处于野外环境下。

3. 道路可能存在强磁干扰

矿区内电力线、民房、管线横跨,部分矿体所在位置的地面被民用与矿山建筑所覆盖,附近矿库正在施工开采,电动车的运行会产生很大的电磁场噪声,矿区的电磁干扰强而复杂。

4. 道路交通目的单一

矿区道路建设目的在于矿产货物运输与矿区人员通行,交通目的单一,矿区道路不存在复杂的交通流,同样地,矿区道路人为交通事故发生率很低,事故原因主要是山体滑坡等自然因素。

(二)矿区应用情况

我国幅员辽阔,矿产资源丰富,已探明大中型露天矿区超过 1000 处。据预测,2025—2030 年,中国矿区运输类无人驾驶车辆市场将迎来快速增长,市场规模有望突破 6000 亿元。近年来,政府相继出台支持智慧矿山发展的政策,在科技、产业和金融等方面全方位支持矿山升级,业内也陆续建立了一系列创新联盟,持续提升矿业智能化水平。

矿区无人驾驶重型货车搭载的传感器与其他场景基本一致,如图 8-19 所示,其搭载 IMU 装置、GNSS 接收器、视觉摄像头、激光雷达等。

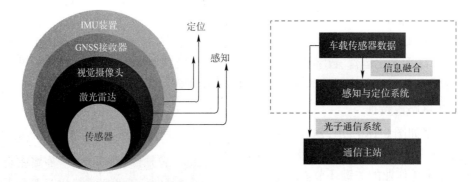

图 8-19 矿区无人驾驶重型货车结构与功能示意图

如图 8-20 所示,矿区无人驾驶重型货车的应用技术路线主要包括 5 大板块,分别为感知、定位、路径规划、控制、通信等,新能源重型货车技术中可能也包含着输电机器人技术的应用。

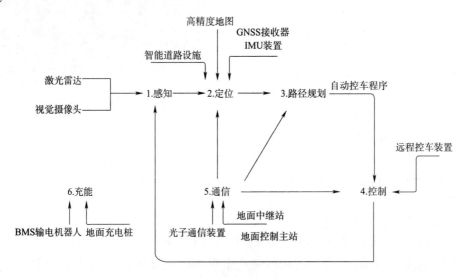

图 8-20 某矿区无人驾驶重型货车技术路线

2019年前后,面对政策红利持续释放引爆的智慧矿山市场,以踏歌智行、易控智驾、慧拓智能、跃薪智能等公司为代表的露天矿区无人化解决方案提供商,联合北方股份、同力重工、徐工汽车、中国重汽等头部矿用车制造商,积极推进露天矿无人驾驶项目落地运行,中国矿区运输类无人驾驶进入了一个新的发展时代。

但严酷而现实的问题是,露天矿无人运输解决方案是个复杂的系统工程,不仅需要车辆技术,还需要掌握无人驾驶技术、调度与车队管理技术、车联网通信技术等,如图8-21所示,矿区无人驾驶汽车的载质量可达110t,车体惯性大,不易改变运动状态,这一情况对汽车的控制技术提出更高的要求。

图8-21　110t NTE120AT 无人驾驶电动轮矿车

对中国传统的采矿设备制造商来说,具备所有这些能力几乎是一件难以企及的事情。只有那些既拥有先进自动驾驶技术,又具备完整的工程化能力,并与设备制造商紧密合作的独立厂商才更可能将这个系统工程推向商用。因此,一些大型装备企业都在谋求与无人驾驶初创公司的深度合作,例如踏歌智行公司与矿用货车行业龙头企业北方股份达成针对旧车无人化改造和线控无人化新车开发和生产的战略合作。

参 考 文 献

[1] 李克强,戴一凡,李升波,等.智能网联汽车(ICV)技术的发展现状及趋势[J].汽车安全与节能学报,2017,8(01):1-14.

[2] 章军辉,陈大鹏,李庆.自动驾驶技术研究现状及发展趋势[J].科学技术与工程,2020,20(09):3394-3403.

[3] 宫慧琪,牛芳.自动驾驶关键技术与产业发展态势研究[J].信息通信技术与政策,2018(08):45-50.

[4] 李鑫慧,郭蓬,戎辉,等.高精度地图技术研究现状及其应用[J].汽车电器,2019(06):1-3.

[5] 金博,胡延明.C-V2X车联网产业发展综述与展望[J].电信科学,2020,36(03):93-99.

[6] 郑迎.电动轮汽车高效制动能量回收及制动防抱死控制研究[D].长春:吉林大学,2016.

[7] 高航.纯电动汽车制动能量回收控制策略研究[D].西安:长安大学,2019.

[8] 左思翔.基于深度强化学习的无人驾驶智能决策控制研究[D].哈尔滨:哈尔滨工业大学,2018.

[9] 陈超.基于深度强化学习方法的无人驾驶智能决策控制的研究[D].沈阳:辽宁工程技术大学,2019.

[10] 余卓平,邢星宇,陈君毅.自动驾驶汽车测试技术与应用进展[J].同济大学学报(自然科学版),2019,47(04):540-547.

[11] 范志翔,孙巍,潘汉中,等.自动驾驶汽车测试技术发展现状与思考[J].中国标准化,2017(20):47-48+55.

[12] 王培振.电动汽车制动能量回馈方法研究[D].烟台:烟台大学,2018.

[13] 李宽.基于ADVISOR纯电动汽车再生制动储能系统的研究[D].成都:西华大学,2019.

[14] 曹凌峰,赵凛,龚凤刚,等.港口道路通行能力分析与研究——以天津港为例[J].城市,2008(12):69-71.

[15] 刘娟,姚宏韬.工业园区道路交通规划探析——以铁岭县工业园区为例[J].沈阳建筑大学学报(社会科学版),2008(01):9-13.

[16] 和坤玲,姜民秀.首都机场道路交通规划方案综述[J].城市道桥与防洪,2008(07):1-5+4.

[17] 孙羽,汪沛.无人驾驶技术在未来智慧港口的应用[J].珠江水运,2019(23):5-7.

[18] 石立群.无人卡车的发展现状与应用前景[J].现代商贸工业,2019,40(30):214-216.

[19] 王浩鹏.无人驾驶汽车的发展和展望[J].科技风,2018(03):185.

[20] 左培文,臧金环.智能网联汽车路测制度发展现状与影响分析[J].时代汽车,2018,

000(012):178-179.

[21] 和福建,张晋崇,石娟.智能网联汽车测试技术研究[J].汽车电器,2019,000(003):19-21.

[22] 中国电子信息产业发展研究院.智能网联汽车测试与评价技术[M].北京:人民邮电出版社,2017.

[23] 张懿,刘焰.智能网联汽车对软件测试领域研究[J].计算机与数字工程,2018,46(001):89-93.

[24] 工业和信息化部,公安部,交通运输部.智能网联汽车自动驾驶功能测试规程[Z].2018-08-03.